本书系江苏省社会科学基金项目"中国日语学习者反馈语习得研究"(13YYD018)及江苏省高校哲学社会科学研究基金项目"礼貌理论框架下的中日间接言语行为对比研究"(2020SJA1049)阶段性成果

中日反馈语及听话者会话策略研究

あいづちと聞き手の会話ストラテジーに関する研究

熊红芝 ● 著

图书在版编目(CIP)数据

中日反馈语及听话者会话策略研究 / 熊红芝著. —苏州：苏州大学出版社，2021.10
ISBN 978-7-5672-3599-1

Ⅰ.①中… Ⅱ.①熊… Ⅲ.①日语—口语—研究 Ⅳ.①H369.9

中国版本图书馆 CIP 数据核字(2021)第 204852 号

Zhongri Fankuiyu Ji Tinghuazhe Huihua Celüe Yanjiu

书　　名：	中日反馈语及听话者会话策略研究
著　　者：	熊红芝
责任编辑：	金莉莉
装帧设计：	刘　俊
出版发行：	苏州大学出版社(Soochow University Press)
社　　址：	苏州市十梓街 1 号　邮编：215006
网　　址：	www.sudapress.com
邮　　箱：	sdcbs@suda.edu.cn
印　　装：	广东虎彩云印刷有限公司
邮购热线：	0512-67480030　销售热线：0512-67481020
网店地址：	https://szdxcbs.tmall.com/(天猫旗舰店)
开　　本：	700mm×1 000mm　1/16　印张：13.75　字数：247 千
版　　次：	2021 年 10 月第 1 版
印　　次：	2021 年 10 月第 1 次印刷
书　　号：	ISBN 978-7-5672-3599-1
定　　价：	58.00 元

凡购本社图书发现印装错误，请与本社联系调换。服务热线：0512-67481020

序　論

　あいづちは、コミュニケーションを円滑に進めるために重要な役割を持っている。とりわけ日本語を母語としない日本語学習者にとっては、母語によるあいづちと異なる点があり、会話を交わす時に日本語母語話者に違和感を抱かせてしまう場合がある。熊紅芝氏は日本語のあいづちが待遇性を持つことに着目し、待遇性の観点から日本語のあいづちと中国語のあいづちを対照させ、中国人日本語学習者のあいづち運用の問題点を明らかにすることを目的とし、中国人日本語学習者への指導法案の提示を目指している。

　本書の目的は以下の4点である。
（1）あいづちの形式：
　　「初対面の教師」「親しい友人」という異なる話し相手に対して、日本語母語話者、中国語母語話者、中国人日本語学習者はそれぞれどのようなあいづちを使用しているか。また、相手によって丁寧度の異なるあいづち詞を使い分けているか。
（2）あいづちの出現場所と発話権交替の関わり：
　　聞き手は話し相手が違うとあいづちを打つ位置も異なってくるか。また、あいづちが打たれた後、発話権交替が行われるか。
（3）先取り：
　　聞き手が先取り発話をした場合、話し手はそれに対してどう対応するか。
（4）中国人日本語学習者の問題点とその原因、指導：
　　中国人日本語学習者が使用したあいづちにどのような問題点が存在しているか。またその原因はどこにあるか。学習者にどのように指導すればいいか。

本書の構成

　本書は10章から構成されている。第1章では、本研究にいたる動機、研究の目的、意義、本書の構成が述べられている。第2章では、あいづちの定義、

機能、表現形式、出現位置と発話権交替、先取り発話についての先行研究にふれ、第3章では、本研究におけるあいづちを次のように規定した。「あいづちとは話の進行を助けるために、聞き手が話し手の発話に対して『聞いている』『理解している』『同意している』『興味・関心を示す』など自らの意思を伝える短い表現である。」第4章は、調査概要と分析方法を記述している。本書では、日本語母語話者同士の場面（JJ）、中国語母語話者同士の場面（CC）、中国人上級日本語学習者と日本語母語話者の接触場面（CJ）、の3つの場面が設定され、それぞれの場面において、一人の話者の親しい友人に対する会話と初対面の教師に対する会話のデータが収集された。収集されたデータは書き起こされ、対教師、対友人によるあいづちの使い分けが見られるかどうかという観点から分析されている。第5章であいづちの表現形式、第6章であいづちの出現場所と発話権交替、第7章では先取り発話について論じている。第8章では、本調査で見られた学習者のあいづち使用の問題点を指摘している。第9章では、中国人学習者の問題点を踏まえ、あいづちの具体的な指導案を示している。第10章は、本書のまとめを述べ、今後の課題を述べている。

　本書は、次の4点から高く評価できる。第1に、日本語母語話者場面、中国語母語話者場面、中国人日本語学習者と日本語母語話者の接触場面という3つの場面におけるあいづち使用の実態を実証的に考察した点。第2に、一人の話者の対教師、対友人の会話場面を取り上げ、待遇性のある日本語のあいづちを学習者がどのように習得しているかを明らかにしようとした点。第3に、従来の研究にはなかったあいづちの連鎖と発話権の移動、先取りあいづちという現象を取り上げて考察した点。第4に、分析に際して、量的、かつ質的の両側面からの分析、混合分析法が用いられている点である。

　課題として、統計処理の更なる検討、フォローアップインタビューの分析の仕方など、今後、更に精密な分析が期待されている。

　本書、熊紅芝氏の「あいづちと聞き手の会話ストラテジーに関する研究」は、あいづち研究史上、かなり重要な研究である。これから、あいづち研究を目指す研究者、大学院生には、ぜひ一読してもらいたい研究書である。

2021年7月31日

名古屋外国語大学教授

南山大学名誉教授

坂本　正

目 次

第1章　はじめに　1

第2章　先行研究　5
  2.1　あいづちの定義　5
    2.1.1　日本語の研究　5
    2.1.2　英語の研究　8
    2.1.3　中国語の研究　9
  2.2　あいづちの機能　10
    2.2.1　日本語のあいづちについて　10
    2.2.2　中国語のあいづちについて　11
  2.3　あいづちの表現形式　12
    2.3.1　日本語のあいづちについて　12
    2.3.2　中国語のあいづちについて　14
    2.3.3　あいづちの表現形式に関する中日対照研究　15
    2.3.4　あいづちの表現形式に影響を与える要因　16
  2.4　あいづちの出現位置と発話権交替　17
  2.5　先取り発話　18
  2.6　学習者のあいづちを対象とする研究　19
    2.6.1　学習者のあいづち習得に関するもの　19
    2.6.2　あいづちの適切性に関するもの　21

2.7	本章のまとめ	22
第3章	**本研究におけるあいづちの規定**	**23**
3.1	本研究で扱うあいづちの定義及びあいづちの認定基準	23
3.2	あいづちの表現形式	24
3.3	あいづちの機能	27
第4章	**調査概要と分析方法**	**31**
4.1	調査概要	31
4.1.1	調査協力者	31
4.1.2	調査内容	32
4.2	分析方法	35
4.2.1	文字化の方法	35
4.2.2	文字化の記号	36
4.2.3	分析対象と分析方法	36
第5章	**あいづちの表現形式**	**38**
5.1	あいづちの表現形式	38
5.1.1	日本語母語会話に現れたあいづち	38
5.1.2	中国語母語会話に現れたあいづち	40
5.1.3	学習者の日本語接触場面会話に現れたあいづち	42
5.1.4	JJ・CC・CJ三者間の比較	44
5.2	あいづち詞	46
5.2.1	形式の観点からの分析	46
5.2.2	丁寧度の観点からの分析	71
5.3	本章のまとめ	80
第6章	**あいづちの出現場所と発話権交替**	**82**
6.1	分析対象者が発話権を握っていない場合	83
6.1.1	相手の発話途中にあいづちを打つ場合	83

目　次

   6.1.2　相手の発話終了後にあいづちを打つ場合　　　　106
 6.2　分析対象者が発話権を握っている場合　　　　125
   6.2.1　日本語母語話者の使用状況　　　　130
   6.2.2　中国語母語話者の使用状況　　　　134
   6.2.3　中国人日本語学習者の使用状況　　　　139
 6.3　本章のまとめ　　　　144

第 7 章　先取り発話　　　　146
 7.1　聞き手の先取り内容が話し手の意図と一致している場合　　　　147
   7.1.1　聞き手の先取りで完結する型　　　　148
   7.1.2　話し手が続けて完結する型　　　　152
   7.1.3　話し手が反応を示す型　　　　155
   7.1.4　話し手が反応を示して完結する型　　　　159
   7.1.5　聞き手がそのまま話を続ける型　　　　162
 7.2　聞き手の先取り内容が話し手の意図と一致していない場合　　　　164
   7.2.1　話し手が反応しない型　　　　165
   7.2.2　話し手が反応する型　　　　170
 7.3　本章のまとめ　　　　174

第 8 章　日本語教育の立場から見る学習者の問題点　　　　176
 8.1　目上の相手に対する待遇性の低いあいづち詞の使用　　　　176
 8.2　重複形あいづち詞の過剰使用　　　　178
 8.3　新しい情報に対する不適切な表現　　　　179
 8.4　共感・同意を示すべきところでの不適切表現　　　　181
 8.5　相手の謙遜表現に対する不適切な反応　　　　182
 8.6　あいづちを打つべき箇所で打たずに沈黙する　　　　183
 8.7　相手と異なる意見や主張を述べる時の不適切な表現　　　　184
 8.8　相手の発話途中で急に発話権を取り、話題転換をする　　　　187
 8.9　本章のまとめ　　　　190

第9章　中国人日本語学習者へのあいづち指導法	191
第10章　おわりに	196
10.1　まとめ	196
10.1.1　表現形式	197
10.1.2　出現場所と発話権交替	198
10.1.3　先取り発話	199
10.1.4　日本語教育への応用	199
10.2　今後の課題	200
参考文献	202
添付資料	207

第 1 章 はじめに

　会話は話し手と聞き手が一緒に協力してこそ成り立つものである。聞き手は話し手の発話を聞いている時、何らかの信号を送りながら聞くのが普通である。その信号は「はい」「うん、うん」「そうですね」など声に出して伝えたり、うなずいたり、微笑んだりするもので、いわゆるあいづちである。近年あいづちの重要性が認識され、日本語教育においても盛んに研究されてきた。小宮(1986)、水谷(1984, 1988)、松田(1988)、渡辺(1994)、窪田(2000)などが指摘しているように、日本語においては聞き手の巧みなあいづちは話し手に話を続ける意欲を与えるもので、コミュニケーションを円滑に行うために欠かせない要素である。日本人の特徴とも言えるあいづちは、話し手と聞き手との関係によって様々に変化するものである。異なる文化背景を有する日本語学習者にとって、あいづちの習得は決して容易なものではない。例えば、水野(1988)が指摘しているように、中国語では日本語の「うん」と似たあいづち「嗯」があるが、日本語の「うん」は待遇的な意味を含み、話し手との関係によって使用が制限されるのに対し、中国語の「嗯」の場合はそのような制限はないため、中国語を母語とする日本語学習者は目上の人やあまり親しくない人にも「うん、うん」とうっかり言ってしまう心配が十分にある。また、「インフォーマントの内省によれば、あいづちが多いほど話し手に対する敬意を表すことになるということであるから、目上の人に対してことさら多く『うん』と言ってしまうこともあるかもしれない」(水野 1988:21)。あいづちは無意識で使われているものだと言われているが、その特性が分かれば意図的に活用することが可能である。日本語でコミュニケーションを円滑に行うために、学習者に様々な会話場面に合わせて、あいづちを適切に打てるように教える必要がある。

　日本語のあいづちや、日本語と他言語の対照研究、そして日本語接触場面

における学習者のあいづちについての研究は近年増えている。しかし、中日対照研究や中国人学習者を対象とする研究はまだ十分に行われているとは言えない。また、この三つのものを併せた研究はほとんどない。そこで本稿では、中国人学習者のあいづち使用実態を明らかにすることを目的とし、その比較基準として日本語と中国語のあいづちも分析の対象とする。①日本語母語話者同士、②中国語母語話者同士、③中国人学習者と日本語母語話者間の三種類の自由な話題で交わされた会話を分析資料とし、それぞれの使用状況を分析し、比較する。

待遇性に関して日本語と中国語の間に違いがあると言われているが、これまでのあいづち研究で待遇性の観点から行われたものは管見の限りまだないようである。「相手の年齢」「相手との上下関係」「相手との親疎関係」はあいづちに差異をもたらす3つの要因であると言われているが、本研究においては、これらの要素を考慮し、「年上・目上・疎の関係」と「同年代・平等（あるいは目下）・親の関係」の2つのグループを設定し、待遇性の観点から実証的に研究することにする。具体的には、これらの条件を満たすと思われる話し相手をそれぞれ「40～50代の初対面の教師」と「20～30代の親しい友人」に定めることにした。違う相手に対して使用するあいづちがどう異なるかということに着目し、比較対照を行いながら考察していく。

本研究では、従来のあいづち研究のように聞き手だけに注目するのではなく、話し手の発話とあいづちの関係、あいづちと会話展開の関係なども配慮し、より広い範疇で分析しようとする。分析は、「あいづちの表現形式」「あいづちの出現場所と発話権交替の関わり」「先取り発話」（話し手が言う前に聞き手が予測したことを言うという型）の3つの観点から行う。分析に際して、特に次の4つの問題に焦点を当てる。

第一、あいづちの表現形式：「初対面の教師」「親しい友人」という異なる話し相手に対して、日本語母語話者、中国語母語話者、中国人日本語学習者はそれぞれどのようなあいづちを使用しているか。また、相手によって丁寧度レベルの違うあいづち詞を使い分けているか。

第二、あいづちの出現場所と発話権交替の関わり：聞き手は話し相手が違うとあいづちを打つ位置も異なってくるか。また、あいづちが打たれた後、発話権交替が行われるか。

第三、先取り：聞き手が先取り発話をした場合、話し手はそれに対してどう反応するか。

第四、中国人日本語学習者が使用したあいづちにどのような問題点が存

第1章　はじめに

在しているか。また、その原因はどこにあるか。学習者にどのように指導すればいいか。

　このように、あいづちの使用という側面から会話の進め方を明らかにすることは、日本語会話、中国語会話の構造や、コミュニケーション上会話への関与の仕方を解明するための一助となるだろうと考える。また、本研究の成果を日本語教育現場に応用し、中国人学習者への日本語あいづちの指導や、中日接触場面におけるコミュニケーションがスムーズに展開されるのに役立てたい。

　以下、次の手順に従って第2章から第10章の論を進めることにする。

　第2章では、これまで行われてきた主要な先行研究を概観する。各研究で扱われているあいづちの定義をまとめた上で、主にあいづちの機能、表現形式、出現場所、先取り発話、学習者を対象とする研究の5つに分けて述べる。

　第3章では、本研究で扱うあいづちの定義を提示した上で、あいづちの表現形式と機能に関する扱い方法について述べる。出現場所と先取り発話の分類及び分析方法に関しては、後にそれぞれ第6章と第7章で説明する。

　第4章では、本研究の調査概要と分析方法について説明する。

　第5章では、実際の会話データを用いて、あいづちの表現形式について具体的に考察する。分析方法としては、まず、あいづちの形式を「あいづち詞」「繰り返し」「言い換え」「先取り」「うなずき」に5分類し、日本語母語会話、中国語母語会話、日本語接触場面会話の順にそれぞれの使用状況を明らかにする。次に、「あいづち詞」だけを取り上げ、語頭音による分類及び丁寧度による分類の2つの視点からより詳しく分析する。いずれも「友人との会話」と「教師との会話」の二つの会話場面の使用状況を比較する。

　第6章では、あいづちがどこで現れ、そして話し手・聞き手の役割交替とどのように関連しているかということについて分析する。あいづちを含む話段を12パターンに分け、例を見ながら詳しく考察する。主に分析対象者が発話権を握っていない場合と、発話権を握っている場合の2つの角度から分析を行う。

　第7章では、話し手の予想外のあいづち形式—「先取り発話」を取り上げ、先取り発話が起こった後に会話がどう展開されていくかということに着目して分析する。主に聞き手の先取り内容が話し手の意図と一致する場合、及び先取り内容が話し手の意図と一致しない場合の2つのカテゴリーに分けて論じることにする。

第 8 章では、接触場面での中国人学習者の使用問題に注目し、本調査で明らかにした学習者の問題点をまとめることにする。

　第 9 章では、学習者の問題点を踏まえ、日本語教育におけるあいづち指導の留意点について触れる。

　最後に、第 10 章で、本研究の分析から導かれる結論をまとめる。また、本研究の問題点と残された今後の課題を記す。

第 2 章 先行研究

　本章では、あいづちについての先行研究を概観する。まず、あいづちの定義をまとめ、その後、機能、表現形式、出現位置、先取り発話、学習者を対象とするあいづち研究の順に、これまで行われてきた研究を整理する。

2.1　あいづちの定義

　あいづちの定義は研究者によって様々である。「主にその機能や表現形式や使用者や出現位置などによって記述されている」(堀口 1997：40)。本章ではあいづちの定義に関する先行研究を概観し、これらの研究を参考にし、次章では自らの定義づけを試みる。

2.1.1　日本語の研究

　「あいづち」は、漢字で「相槌」と書く。この語源は、「鍛冶で、弟子が師と向かい合って互いに鎚を打つこと。向かい鎚。あいのつち」である。そして、「あいづちをうつ」とは、「相手の言葉に同意のしるしを表してうなずく。相手の話に調子を合わせる」(『広辞苑』)とある。

　国語学では、あいづち表現の中によく見られる「はい」や「ええ」などの意味や機能について多く研究されてきたが、あいづちの定義は明確にされておらず、単に品詞の中の応答詞や感動詞もしくは間投詞などの一機能として扱われた。本格的に話し手と聞き手の関係からあいづちを論究しようとしているものには、宮地(1959)が挙げられる。宮地は話し手と聞き手のコミュニケーション関係において、話し手の「やり」ではなく、聞き手の「とり」に重点を置き、その様相の分析を試みた。話し手の話に対して、聞き手の「黙・応・転・断」という4つの反応があると述べている。「黙」は、黙殺する

場合、「応」は、前詞[1]に応じた表現をする場合、「転」は、前詞を機縁として話題を転じる場合、「断」は、前詞をそれきりで断止しようとする場合である。さらに、「応」については、①「応受」即ち「あいづち」、②「応促」即ち「うながし」、③「応答」即ち前詞に対する肯否の表明、④「応述」即ち前詞の態度や内容にのっとって自分の感想(乃至は意見)を述べる場合というように下位分類を行った。聞き手であることを示すあいづちは「応受」に分類されている。

　20世紀80年代に入り、談話分析という手法が取り入れられると共に、本格的なあいづち分析が盛んに行われてきた。研究者の間ではあいづちの定義が品詞を超えたところで大きな課題の一つになった。あいづちの定義づけが試みられているものの、その説明は様々で、一致したものになっていない。

　小宮(1986：45)は、「応答表現の中で、話し手の発話に対し、自由意志に基づいて、肯定・否定の判断を表明することなく、単に『聞いている』『分かった』という意味で用いられるもの」、黒崎(1987：120)は、「話者の発話に対して、肯否等の判断を表明することなく、ただ単に『聞いていますよ』『分かりますよ』という信号を送る段階の応答表現をあいづちと呼ぶ」、劉(1987：93)は、「談話の進行を促すため、相手の話に調子を合わせる聞き手の行動である」と定義している。これまでの研究では、その対象を主に「はい」「ええ」「うん」「そうですね」「なるほど」「ほんとう」などのあいづちに置いた。

　水谷(1988：4)は、「話の進行を助けるために、話の途中に聞き手が入れるもの」をあいづちと定義し、いわゆるあいづち表現の他に話し手の話を聞き手が完結する「完結型」の表現と相手の発言の内容を自分のことばで再現する「補強型」の表現もあいづちとした。また、堀口(1988)は一般的に考えられているあいづち表現の他に「先取りあいづち」や「繰り返し」「言い換え」などもあいづちとして位置付けた。「先取りあいづち」とは、話し手の発話を聞きながら、先を予測し、それに対しての聞き手の反応である。「言い換え」とは、話し手の発話の内容を、聞き手が自分のことばで再現することである(水谷に「補強型」と名づけられた表現)。さらに、堀口(1997)は一般的に言われているあいづち、例えば感動詞の「はい」「ええ」、副詞の「なるほど」などは異なる品詞に属しており、これらの品詞を相手の話を繰り返す「繰り返

---

[1] 宮地(1959：85)は、
　　　　(甲)「この本はどうも……」
　　　　(乙)「程度が低いね」
　　というやりとりを例にとり、(乙)の先行発話である(甲)を「前詞」と呼んでいる。

第2章 先行研究

し」や「言い換え」などの表現と区別するために「相づち詞」と呼ぶことにした。その後、窪田(2000)は、堀口(1997)を基に、話し手の発話に対して聞き手が「話し手から送られた情報を共有した事を伝える表現」と判断されるものの他に、あいづち表現に対する話し手の反応(あいづちに対するあいづち)もあいづちとし、あいづちの定義範囲を一層拡大した。

これらの分類方法と異なり、久保田(1998)は、あいづちを「話し手が発話権を行使している間に、聞き手が話し手に送る言語、非言語の行動を含んだ信号」と定義し、「ええ、ええ」など短いあいづちを音声で示しながら頭を縦に振る場合を「同時あいづち」とし、「ええ、ええ」というような短いあいづちを音声のみで示す場合を「短音声」とまとめ、そして文の完結、言い換え、聞き返し、繰り返しを「広義のあいづち」として取り扱っている。

一方、メイナード(1993:58)はターン(turn)という概念を用い、「あいづちとは話し手が発話権を行使している間に聞き手が送る短い表現(非言語行動を含む)で、短い表現のうち話し手が順番を譲ったとみなされる反応を示したものは、あいづちとしない」と定義した。ターンをとる直前、瞬時のポーズをとったあとの短いあいづち的表現はあいづちとして扱っていない。他方、ターンの最初の部分に現れた語彙的な音声表現を聞き手の反応として扱い、広義のあいづちの一種として考えている研究には、畠(1982)、藤原(1993)、村田(2000)、郭(2003)などがある。ターンの始まりのあいづちについて、畠(1982:66)は次のように述べている。

> 発話者は相手が自分の発話をさえぎって、発話をはじめてもよいポイントを自分の発話の中に作りながら、そのポイントで相手が発話を開始すれば、自分の発話を中断し、相手が発話開始しなければ、自分の発話を続けるというような態度で、会話に参加している。このようなポイントを「発話開始許容点」と呼ぶことができるだろう。あいづちは原則としてこの発話開始許容点でうつ。

上述のようにあいづちの定義についてばらつきが見られるが、堀口(1997:77)が指摘しているように「あいづちの定義はまだ明確で一致したものになってはいないものの、話し手が発話権を行使している間に聞き手が話し手から送られた情報を共有したことを伝える表現という点では一致している」という共通点がある。下記の表2-1は、上述したあいづちの定義に関する先行研究及び各研究者によるあいづちの分類を年代順にまとめたも

のである。

2.1.2　英語の研究

『和英辞典』では、「あいづちをうつ」が「give responses(to make the conversation go smoothly)」と解釈されている。英語圏のあいづちの先行研究では、「listener's responses」、「back channel」、「continuer」というように、それぞれ研究者の視点によって異なる呼び方をしている。久保田(2001：34-37)を参考にして、次のようにまとめる。

表2-1　あいづちの定義に関する先行研究のまとめ

研究者	あいづちの定義	分　類
小宮 (1986:45)	応答表現の中で、話し手の発話に対し、自由意志に基づいて、肯定・否定の判断を表明することなく、単に「聞いている」「分かった」という意味で用いられるもの。	・感声的表現 ・概念的表現 ・繰り返し
黒崎 (1987:120)	話者の発話に対して、肯否等の判断を表明することなく、ただ単に「聞いていますよ」「分かりますよ」という信号を送る段階の応答表現をあいづちと呼ぶ。	
劉 (1987:93)	談話の進行を促すため、相手の話に調子を合わせる聞き手の行動である。	・アイヅチ用語：「ええ」「ふん」など ・アイヅチ的表現：繰り返し ・うなずき
水谷 (1988:4)	話の進行を助けるために、話の途中に聞き手が入れるもの。	・「完結型」の表現 ・「補強型」の表現
メイナード (1993:58)	「あいづち」とは話し手が発話権を行使している間に聞き手が送る短い表現(非言語行動を含む)で、短い表現のうち話し手が順番を譲ったとみなされる反応を示したものは、あいづちとしない。	
堀口 (1997:42)	あいづちは、話し手が発話権を行使している間に、聞き手が話し手から送られた情報を共有したことを伝える表現。	・あいづち詞　・繰り返し ・言い換え　　・その他
久保田 (1998:57)	話し手が発話権を行使している間に、聞き手が話し手に送る言語、非言語の行動を含んだ信号。	・うなずき　　・同時あいづち ・短音声あいづち ・広義のあいづち ・非言語行動
窪田 (2000:78)	堀口(1997)を基に「話し手の発話に対して聞き手が話し手から送られた情報を共有した事を伝える表現」と判断されるもの、及びそのような表現に対する話し手の反応(相づちに対する相づち)。	・相づち詞　・繰り返し ・言い換え　・頭の動き ・先取り

第 2 章　先行研究

● listener's responses　（Dittman 1972）

　聞き手の応答。話し手の話す内容にあわせて聞き手が反応を示したり応えたりするということである。Dittmanは、「あいづちは言語と非言語との境目にあるものだ」という立場をとっている。

● back channel　（Yngve 1970）

　「発話権を持っている人がその発話権を譲ることなく『yes』『uh-hun』という短いメッセージを受け取る時にバック・チャンネルは見受けられる」という定義で、話し手からのメイン・チャンネルに対して、聞き手からの「あいづちのような表現」を送り返すことを指して言ったものである。

● continuer　（Shegloff 1982）

　音声言語だけに着目し、英語で聞き手があいづちとして差し挟む「uh-huh」は、①続けて＝continuer、②修復をあえてしない＝to pass an opportunity to initiate repair という意味のものだということから名づけている。これは根底には、発話権を持つ話し手が主に話しているので、聞き手としては、特に今発話権を取って、話し手になる気はないからそのまま続けてくださいという意味がある。また、話し手が少々言い間違ったり、声が小さいなどで聞き取りにくくても、聞き手としては、言い直したり、聞きなおしたりするような「修復＝repair」はしないから、どうぞ続けて話してくださいというものである。

2.1.3　中国語の研究

　『新日漢辞典』では、「あいづち」が「①打对锤；②随声附和、打帮腔」（筆者訳：①向かい槌を打つ；②人の話に調子を合わせる）と訳されている。そして「あいづちをうつ」が、「随声附和、帮腔、接话茬儿」（筆者訳：調子を合わせる、話のかけらをつなぐ）と解釈されている。
　中国語のあいづちの定義について言及した研究は、筆者の調べた限りでは全くない。

2.2 あいづちの機能

2.2.1 日本語のあいづちについて

あいづちの機能について、主な先行研究としては、水谷(1984，1988)、堀口(1988)、松田(1988)、ザトラウスキー(1993)、メイナード(1993)、Mukai(1999)が挙げられる。

水谷(1984，1988)は、あいづちを「話の流れに正しく沿うため」のもの、「話し手に理解を示し、話の進行をうながすもの」「良き人間関係への意向」「人間関係への考慮の現れ」「はい、そこまでわかりました。次をどうぞとうながす合図の役を果たしている」ものと考えている。

堀口(1988)は、あいづちの機能を「聞いているという信号」「理解しているという信号」「同意の信号」「否定の信号」「感情の表出」の5つに分類している。

松田(1988)は教師の立場からあいづちの重要性を唱え、「次にどちらかが話し始めるまで、余韻のように続けられるもの」と説明し、堀口の分類にさらに「間をもたせる」という機能を加え、6分類した。この「間をもたせる」という機能について、喜多(1996:62)は、「あいづちはあいづちを呼ぶ傾向があり、『内容のない』あいづちを打つことで交代のリズムを保つ」としている。

ザトラウスキー(1993)は、あいづちの発話機能を「注目表示」として扱っている。注目表示には、「あいづち的な発話」だけではなく、「実質的な発話」もあり、「相手の発話、相手の存在、その場の状況・事物の存在などを認識したことを表明する。『同意要求』に対する応答…を含む」(ザトラウスキー1993:68)ものとして、次の11種類に分けている。

A. 継続の注目表示：先行する発話に暗示された意味を認めないまま、単に話を継続させる。
B. 承認の注目表示：先行する発話に暗示された意味を認める。
C. 確認の注目表示：先行する発話の繰り返しによる確認、またはそこから導かれる結論を確認する。
D. 興味の注目表示：興味や関心を示す。
E. 感情の注目表示：感情を示す。
F. 共感の注目表示：相手と同じ感情を抱いていることを示す。
G. 感想の注目表示：相手が言った事柄に対して感想を述べる。

H. 否定の注目表示：「感謝」「陳謝」などを打ち消す。
I. 終了の注目表示：話を終了してもいいことを示す。
J. 同意の注目表示：A〜Iを受ける発話の機能。
K. 自己注目表示：自分で自分の発話にあいづちを打つ。

　メイナード(1993)は、日本語の会話及び米英語会話のあいづちの機能として6つを挙げている。
① 続けてというシグナル　continuer
② 内容理解を示す表現　display of understanding of content
③ 話し手の判断を支持する表現　support and empathy toward the speaker
④ 相手の意見、考え方に賛成の意志表示を示す表現　agreement
⑤ 感情を強く出す表現　strong emotional response
⑥ 情報の追加、訂正、要求などをする表現

　Mukai(1999)は、話し手の発話を単に受け取った、あるいは理解したことを示すための「知らせ」機能、及び聞き手が話し手の言うことをどう感じたかを示すための「態度」機能に2分類している。

2.2.2　中国語のあいづちについて

　楊(2004)は、中国語のあいづちが「聞いている表示」「理解・了解の表示」「同意・共感の表明」「様々な感情の表出」の4種類の機能を持っていると述べている。また、「あいづち詞」「繰り返し」「言い換え」「先取り」「コメント」「うなずき」「笑い」という各あいづちの形態が対応する機能を分析し、短く発音する「嗯」「啊」は、主に「聞いている」機能を果たしているが、長めに発音する「嗯——」「啊——」や連続して使用する「嗯嗯」及びうなずきを伴った「嗯♯[1]」は主に「理解・了解」の機能に用いられると指摘している。一方、うなずきを伴った「嗯」及び連続して使用する「嗯」は、「对」と共に「同意・共感」の機能も持っていて、「繰り返し」と「コメント」はそれぞれ対面会話と電話会話で「感情の表出」機能を果たしていると述べている。

　あいづちは聞き手の反応の一つである。つまり、あいづちは話し手の発話が聞き手に届けられたことを話し手に知らせるサインである。実際に聞き手が話し手の話を把握していなくても、もしくは実際には聞いていなくても、「あいづち」さえ打てば、話し手は聞いているように思い、会話を続けることができる。それはあいづちの基本でもある。もちろん、このサイン

---

［１］　記号「♯」は、頭を縦に振る動作、つまり、うなずきを表す。

には様々な段階がある。聞いていなくても聞いているふりをするものから、話し手の意図したものをまだ掴めておらず話を促したいものや、話し手の発話を聞き手が理解し自分の態度を示すものまで幅広く含まれている。しかし、それらは全て話し手の発話が聞き手に届いたということが前提条件になる。簡潔に言えば、あいづちの基本は「聞いている表示」と言えよう。各研究者のあいづちの機能に対する分類は、あいづちのこの基本機能の上に聞き手の態度や感情などを加えたものと言える。聞き手の態度や感情などは話し手の発話や会話の場面、人間関係、置かれている状況などの違いにより常に変動しており、それも各研究者の分類の仕方がまちまちになっている理由の一つであろう。ただし、分類の仕方が異なっても、その会話を成立させる一番の基本である「聞いている表示」部分は共通している。

2.3 あいづちの表現形式

2.3.1 日本語のあいづちについて

あいづち詞

　小宮(1986)は「ハイ」「エー」「ン」などのように、それによって指す概念を持たず、それ自体で直接に話し手の感情を表す表現を「感声的表現」とし、「ナルホド」「ホント」のように現在は感動詞的にも使われるような表現を「概念的表現」としてまとめた。また、「ハ」「ハーハー」「ハイハイ」など「ハを含む」ものを「ハ系」にまとめるというふうに、「感声的表現」をさらにハ系、エ系、ア系、ン系、その他に分けている。

　堀口(1988)は「はい」「ええ」「うん」「そうですね」「ほんとう」「なるほど」など一般的に「あいづち」と言われている表現形式をまとめて「あいづち詞」と呼んでいる。

繰り返し

　杉戸(1987:88)は、あいづち的な発話として「先行する発話をそのままくりかえす、オーム返しや単純な聞きかえしの発話」を挙げている。これに対して、ザトラウスキー(1993:84)は、「オーム返しや単純な聞きかえしの発話」を認定する上では、「先行する発話」との距離の問題、イントネーションの問題などを考慮する必要がある…認定が難しいことがある」と指摘している。堀口(1997:63)は、「相手の発話を繰り返すということは、相手の話を

第2章 先行研究

聞いているということの表れであるから、これも機能的にはあいづちと考えられる」と述べている。堀口は先行する発話のうち直前の発話の繰り返しのみをあいづちと認定し、またそのうち上昇イントネーションで相手の応答を求めるものは説明要求あるいは確認要求と考えてあいづちから除いた。また、あいづちとして相手の直前の発話一部または全部を繰り返すことがあり、全部繰り返すのは、自立構成要素が3つ以下の長さという発話が短い場合[1]に限られると述べている。

言い換え

「言い換え」ということは、話し手の発話の内容を聞き手が自分の言葉で再現することで、聞き手が用いる語句は話し手の発話に用いられたものと異なるが、内容は繰り返しになっているわけである。これをあいづちの表現形式とすることには異論があるが、水谷(1984:271)はこれを「補強型」と名づけ、あいづちの表現形式の一つとして取り上げている。他に言い換えをあいづちの表現形式の一つとして扱っているのは堀口(1988, 1997)、松田(1988)、窪田(2000)などがある。

先取り

「先取り」をあいづちとして認めるかどうかという点については、研究によって相違が見られる。「先取り」を最初にあいづちとして取り上げているのは、水谷(1984)である。水谷は、応答表現以外のあいづちの一つに「話し手の作り始めた文を聞き手が完結する」という場合を挙げ、「完結型」という名前をつけている(pp.270-271)。しかし、その後水谷(1988:10)では、「聞き手が積極的に話し手に協力し、話に参加しようとする態度を表すものとしては、あいづちと共通した性格を持つ」ものの、あいづちに含めるのは無理だと言っている。

一方、堀口(1988)は、会話における聞き手の言語行動の一つとして「先取り」を挙げ、「聞き手は話し手が今言っていることを理解するだけではなく、同時にこれから言うだろうと思われることまで予測しながら聞くのが普通であるが、話し手がこの先言おうとしていることを予測できた場合、もう予

---

[1] 自立構成要素が3つ以下のものに関して、堀口(1997:64)では次の例を挙げている。
　　A: 赤く出るやつと
　　B: 赤く出るやつとね

測したという信号を送ることがある」と説明している。さらに、「先取り」を「先取り完結[1]」と「先取りあいづち」に分類し、前者は「予測したことを話し手が言う前に聞き手が言うという型」、後者は「予測に基づいてあいづちを打つという型」と定義している(pp.21-22)。

田中(1998)は、先取りを「相手の発した一発話が完全に終わらないうちに、言語化されていない部分の内容を予測し、それに関わりのある何らかの言語表出を行うこと」と定義し、先取りの対人的効果として、①相手の発話内容への理解を示す、相手との間に共感・一体感を生じさせる、②からかい・皮肉などの働きをする、③相手あるいは相手の発話内容への否定的感情や反発を表すことを挙げている。また、会話展開上の効果としては、①会話に要する時間を短縮させる、②会話が途切れることを防ぎ、話を円滑に進めることに貢献する、③相手の発話や話題を打ち切ることを示唆すると述べている。

うなずき

杉戸(1989)では、うなずきを「実質的な発話」と共起したもの、「あいづち的な発話」と共起したもの、言語形式による発話を伴わないものに分けて記録し、あいづちとしてのうなずきを細かく観察している。

近藤(2005:62)は、聞き手によるうなずきを「肯定を示すうなずき」「発話を促すうなずき」「肯定しながらターンを取るうなずき」に分けて分析し、「うなずきは、聞き手が話し手に対してフィードバックを与えて安心させたり、会話を生き生きと行う道具になったり、また会話をスムーズに運ぶための機能を持っている」と報告している。

2.3.2　中国語のあいづちについて

中国語で書かれた研究は、陳(1994)の一編しか見られない。陳(1994:61)は次のように述べている。

> 听话时必须面向说话人,身体微向前倾,不能侧身对着说话人,眼睛应盯着说话人,同时用微笑、扬眉等动作,表示对听话内容的专注……两个人交谈,说话人边说,听话人边用"嗯""噢""对""是""明白了""是这样"等呼应,既表示对对方的尊重,也表示对对方话语的理解和赞同。如果不同意对方的观点,一般则不作声。

---

[1]　堀口(1997)では「先取り発話」と呼んでいる。

第 2 章　先行研究

筆者訳:

　　人の話を聞いている時、話し手に顔を向け、体をやや前へ傾けるべきである。話し手に体を横向きにしてはいけない。目で相手を注視し、同時に微笑んだり、眉毛を高く上げたりして、相手の話を集中して聞いていることを示すべきである。…二人で会話をする際、聞き手は「うん」「あー」「そうですね」「はい」「わかりました」「なるほど」などを言いながら聞き、相手への尊重の意を表すと同時に、相手の話への理解と賛成をも表す。もし相手の考えや意見に賛成でなければ、普通声を出さない。

　日本語で書かれた先行研究には、水野(1988)と楊(1999)が挙げられる。
　水野(1988)は、中国語のあいづちは、形として①視線を話し手の方向に動かす、②顔を話し手の方に向けて話し手の顔を見る、③首を縦方向に振る、の3つの非言語行動と、「啊」「嗯」「おうむ返し」「好」「是」「対」などの言語行動に分けることができると述べている。また、「啊」「嗯」が最もあいづちらしいものとして、日本語の「んー」「はい」「ええ」と対比されるが、日本語の「んー」「はい」「ええ」が待遇的な意味を含み、話し手との関係によって使用が制限されるのに対し、中国語の場合は「啊」にしても「嗯」にしてもそのような制限はないと述べている。
　楊(1999)は、中国語母語の女性同士による電話会話4組を分析した結果、中国語のあいづちの形式の異なり数は19であるが、最も主要なあいづち詞にあたる「嗯」「啊」及びその重ね型「嗯嗯」「啊啊」などが首尾一貫して使われていることが分かった。「嗯」と「啊」は、中国語の他のあいづち表現同様、待遇的な意味合いを持たない。「聞いている」「分かっている」「どうぞ、話を続けてください」「同感です」という機能を重ねもっており、すべての場面に対応できると記している。

2.3.3　あいづちの表現形式に関する中日対照研究

　楊(1999:12)は中日対照研究を行い、中国語のあいづちの形式は人間関係による変化がほとんどないが、日本語のあいづちの形式は会話参加者の人間関係に大きく影響されると述べている。

　　日本語のあいづち詞は、待遇的な意味を持ち、会話者双方の人間

関係によって使い分けがなされている。つまり、会話の双方の親疎関係は、あいづちの形式に直接に影響する。親しい間柄だと、改まり度の低いものを使用し、逆に余り親しくない間柄では、あいづち詞の改まり度の高いものを使う。中国語のあいづちの形式は人間関係による変化がほとんどないが、あいづちの頻度は話の内容による変化が非常に大きい。関心事、気楽な話、共有知識や共感を持つような話の場合には頻度が比較的高いが、非常に重要な話、新情報、相手の方がより詳しい内容の話の場合には頻度が低くなり、あいづちをはさまず、また話者交替を起こさずに聞く傾向がある。

2.3.4　あいづちの表現形式に影響を与える要因

あいづちの表現形式における差異の要因としては、聞き手の年齢と性別、話し手と聞き手の上下関係、談話の目的、談話の内容、談話の流れが報告されている。

表現形式と聞き手の年齢に関しては、低年齢層は感声的表現を多用し、年齢の上昇とともに種類が増えるが、女子は中学生で男子は高校生でほぼ大人の水準に達するという(黒崎 1987)。

表現形式と聞き手の性別に関しては、女性の方が感声的表現が多く(小宮 1986、黒崎 1987)、「なるほど」は主に男性が使うという報告がある。また、黒崎(1987)によれば、「ふんふん」のように重なる用法は圧倒的に女性に多く、熱心に聞いている態度が強調されているという。

表現形式と話し手と聞き手の上下関係に関しては、小宮(1986)は下の立場にある相談者と上の立場にある解答者の間でのあいづち使用の調査で、相談者のあいづちには敬意の程度が一番高い「ハ系」が多く、積極的に相手に近づいて働きかける表現である繰り返しや、感動の深まりを表す「うんうん」のような重なる語形は使われていないという結果が報告されている。

表現形式と談話の目的に関しては、話を引き出すことを目的とした談話においては、表現形式も多彩になるという報告がある(水谷 1984，黒崎 1987)。特に「補強型」は話の引き出し役の使用に限られているという(水谷 1984:273)。

表現形式と談話の内容に関しては、関心が深い話題では「うん」が多く、重要な情報を得た場合には「ハ系」が多くなり、感動が深い内容では語形の重なりが多くなると小宮(1986)は報告している。

第 2 章　先行研究

　表現形式と談話の流れに関しては、対面の会話では「ン系」が時間とともに増え、電話の会話では「はい」という相手を非常に意識するあいづちが減って意識が自己の内面に向かう「はー」が増えると小宮(1986)は指摘している。

 あいづちの出現位置と発話権交替

　あいづちを打つ適切なタイミングについて、水谷(1984:276)は「聞き手があいづちを打つ時は、話し手の側に音声的な弱まりの現れる時である」とし、水谷(1988:8)では、「…て」「…けど」「…から」などで終わるところやその後に「ね」などの終助詞が添えられた「…てね」「…けどね」「…からね」で終わるところにあいづちが入りやすいと指摘している。

　メイナード(1987:90)は、「あいづちは話者が話の間をとる時、しかもその間は文の終わり、終助詞、間投助詞や話し手の頭の動きを伴う時、送られることが多い」と述べている。

　今石(1994:119)は、話し手の発話の中にあいづちの挿入が可能であることを示すシグナルがあると考え、その内特にあいづち挿入が義務的なものを「あいづち要求シグナル」と呼んでいる。あいづち挿入が義務的なのは、尻上がり型イントネーションによる各形式と上昇型イントネーションによる終助詞・間投助詞「ね」で、あいづち挿入が可能であるが随意的なのは、下降型イントネーションによる終助詞・間投助詞「ね」や接続助詞であると述べている。

　近年あいづちと発話権交替の関係を扱う研究が見られるようになり、吉本(2001)、郭(2003)、楊(2006)が挙げられる。吉本(2001)は、日本語母語話者とベトナム難民のあいづちを分析し、あいづちの出現状況から次の6つのパターンを抽出し、①〜③を「発話権が継続するパターン」、④〜⑥を「発話権が交替するパターン」と呼んでいる。

　郭(2003)は、これまでの「聞き手から送られた」位置規定よりも広い範囲であいづちを扱い、それ以外の位置に出現するものを「あいづち的表現」と名付け、「ターンの冒頭」「ターンの途中」「あいづちだけでターンを成すもの」の3つに分類している。

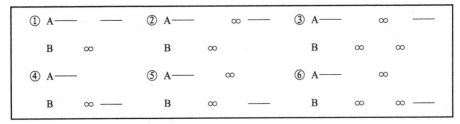

図2-1　吉本(2001)の分類図[1]

楊(2006)は中国語のあいづちを5つのパターンに分類し[2]、話し手が発話権を行使中にあいづちが打たれた場面が最も多く、9割以上のあいづちが発話権放棄のシグナルとして使用されていることや、あいづちを打って発話権を取得する場面は少なく、あいづちを発話権取得のためにあまり使用していないことが明らかになった。

2.5　先取り発話

聞き手は話し手が話している途中でその先まで予測して、それを話し手が言う前に先取りをして言ってしまうことがある。これを堀口(1997)では「先取り発話」と呼んでいる。聞き手の先取り発話は話し手が伝えようとしていることと一致することもあれば、一致しないこともある。一致する場合に関して、堀口(1997:91)は次の4種類の展開になるとまとめている。

A. 聞き手の先取り発話で完結する
B. 聞き手の先取り発話の後、さらに話し手が続けて完結する
C. 聞き手の先取り発話の後、それに対して話し手が反応を示す
D. 聞き手の先取り発話の後、それに対して話し手が反応を示し、さらに発話を続けて完結する

一方、一致しない場合に関して、村松(1991:265)は、日本語の場合先取りの内容が話し手の意図に合致していなくても、話し手は聞き手の発言を受け取り、その発言に「んー」のような肯定的でない対応を示してから発話を

---

[1]「——」は発話権を表し、「∞」は相づちを表す。ABは話し手・聞き手を表し、始めに発話権を持っている方をAとした。談話が左から右へ進行することを表している。例えば①はAが発話権を持ち、Aの発話の途中でBが相づちを入れ、談話が進行するというパターンを表す(吉本2001:96)。

[2] 吉本(2001)の⑥を除いた①〜⑤の5つである。

続けていくが、これに対して中国語は、話し手の意図に合致しない先取りは、話し手に無視されるケースが多いと指摘している。

また、村松(1991:276)は、「日本語話者には、聞き手のあいづちが得られない場合、発話の継続に不安を覚え、そしてあいづちが得られるよう努力する傾向が見られる。これに対して中国語話者には、聞き手のあいづちが得られなくても、それをあまり意識せず、自らの発話を進行させて行く傾向がある」と述べている。

先取り発話についての研究は非常に少なく、特に日本語学習者を対象としたものは見つけることができなかった。

2.6 学習者のあいづちを対象とする研究

あいづちの重要性が認識されるのに伴い、近年日本語学習者に使用されたあいづちを分析対象とする研究が大いに増えてきた。以下では、あいづちの習得に関するもの、あいづちの適切性に関するものの二つに分けて述べていくことにする。

2.6.1 学習者のあいづち習得に関するもの

この十数年間、日本語学習者の使用しているあいづちの実態を明らかにしようとしている研究が多数見られる。主に表現形式、機能、頻度、タイミングという角度から行われており、研究によって様々な結果が見られた。以下、年代順に見ていこう。

(1) 堀口(1990)

7組14人(韓国8名・タイ1名・中国台湾4名・エジプト1名)の上級日本語学習者同士の会話を分析した。学習が進めば、あいづちの頻度、種類、適切さのどの点においても上達し、上級学習者のあいづちは日本人に近いものになってきているが、頻度の点では日本人の5分の1しか使用していないと述べている。

(2) 山本(1992)

中国語、韓国語、英語を母語とする9名の学習者(初級3名・中級4名・上級2名)を調査した結果、若干の例外を除けば、学習段階が上の学習者はあいづちの出現頻度及び種類が増加することが分かった。一方、日本語母語話者は学習者より頻度が高く、エ系のあいづち詞の使用率は学習者より高いと報告している。

(3) 登里(1994)

　欧米圏の初級学習者4名(ニュージーランド2名・アメリカ1名・デンマーク1名)を対象に縦断研究を行った。結果として、学習が進むにつれて、あいづちの頻度が上昇し、「感声的表現」においては個人差が見られるが、「概念的表現」においてバリエーションが増加すると述べている。

(4) 渡辺(1994)

　中国語・韓国語・英語を母語とする学習者19名(初級6名・中級8名・上級5名)及び日本語母語話者3名の電話会話を資料とし、分析を試みた。その結果、あいづちの習得は学習者の発達段階や母語に関係なく、学習者のあいづちの使用頻度が日本語母語話者に比べて低いことと「繰り返し」「言い換え」「先取り」のあいづちについて学習者の誤用が共通して現れる傾向が認められた。

(5) 楊(1997)

　12名の中国人大学生と6名の日本語母語話者のあいづちを比較し、「ア系」「ウン系」「エ系」の感声的表現、「くり返し」「うなずき」の使用傾向において学習者は母語の影響を受けているという結論を出した。

(6) Mukai(1999)

　日本人と英語を母語とする上級学習者2人ずつ5組、日本人同士5組を録音・録画して分析を行った。上級学習者のあいづち使用は日本語母語話者とほぼ同じ頻度である。一方、あいづちの機能について、学習者が話し手の話を単に受け取った、また理解したという機能のあいづちは日本人より高く、話し手の話に対する聞き手の態度という機能のあいづちは日本人より低い数値が得られた。

(7) 窪田(2000)

　英語を母語とする初級と上級の学習者10名(初級・上級各5名)を対象に、若者と年配者の日本人2人とのそれぞれの会話調査を2回行った。学習者は日本人と同等、もしくはそれ以上に頻繁にあいづちを打っているという結果が得られた。また、特に初級学習者は日本語の能力が上がるにつれて、より「あいづち詞」を多く使用できるようになり、あいづちを打つ場所も日本人の使用に近づいていく傾向があるが、日本語の能力はあいづちの頻度にはあまり関係ないことが認められた。さらに、2回の調査を通して、同じ学習者の「あいづち詞」の待遇性に着目し分析した結果、初級と上級いず

れのグループも年配者に対して「丁寧あいづち詞」[1]の使用割合が増え、若者に対しては「普通あいづち詞」が増加する傾向が分かった。しかし、「あいづち詞」の使用には個別にみると個人差があり、一概に学習者の日本語のレベルだけで結論を出すことは難しく、それには生活環境が大きく左右しているのではないかと指摘している。即ち、日本に滞在したからといって、必ずしもあいづちの習得が進むとは言いきれないと論じている。

(8) 楊(2001)

中国人学習者と日本人が使用しているあいづちを機能の角度から分析した。その結果、「聞いている表示」「理解・了解の表示」「同意・同感の表明」の機能を持つあいづちは、学習者がほぼ日本人と同じくらい使用している。一方、「感情の表出」だけは日本人より少ないことが分かった。

2.6.2　あいづちの適切性に関するもの

今までの研究において、学習者に使用されたあいづちの適切性に関して問題点を指摘したものはまだ数が少ない。松田(1988:61)は、「聞き手も共感することが期待されているところで『ソウ』という話し手の情報が正しいことを伝える機能を使っている」、「未知の情報を得たわけであるから『ソウデスカ』などが使われるところであり、『ハイハイ』と言うとその情報を既に知っていて、それが正しいということを伝えている」という、不適切使用の2種類の例を挙げている。渡辺(1994:115)は「話し手の発話が完結し、完結型のあいづちを打つことが期待されている所であいづちを打たずに沈黙したために、話し手に不快感を与えた」という被験者に共通して見られた問題点、「話し手と聞き手の知識が共有されておらず、本来ならソウデスカ、ソウデショウネなどのあいづちを打つべき所で、ソウデスネというあいづちを使う」という問題点、そして「アアソウ、アソッカなどの待遇性の低いあいづちを不用意に用いるため、談話の待遇レベルが不安定になる」といった問題点と「繰り返し」「言い換え」「先取り」の誤用を指摘した。

宇佐美は、ポライトネスの観点から適切なあいづちの重要性を強調している。宇佐美(2002a:104)では、「ディスコース・ポライトネスは、言語形式としてのスピーチレベル(敬語の有無等)だけではなく、適切なあいづちの

---

[1]　窪田(2000:99)は、使用された「相づち詞」をその形態によってより丁寧な表現である「丁寧相づち詞」(ハイ、エエ、〜デス、〜マスの使用など)とそれ以外の「普通相づち詞」とに分け、その割合を比較した」と述べた。また、例として「丁寧相づち詞」は「ハイ」「ハー」「エエ」「ソウデスネ」、「普通相づち詞」は「ンー」「アー」「ソウ」などそれ以外のものも挙げた。

打ち方や頻度、話題導入の頻度などの、様々な談話行動(要素)の機能の総体として構成されている」と述べ、また宇佐美(2002b:101)では、「言語行動で言えば、文レベルで、最も丁寧度の高い敬語を駆使しさえすれば、円滑なコミュニケーションが促進できるとは限らず、適切なあいづちやスピーチレベルのシフト操作など、談話レベルの諸要素の機能の総体こそが、相手に与える印象や、円滑なコミュニケーションの促進に功を奏していると言えるのである」と述べている(下線は筆者による)。

2.7 本章のまとめ

　本章はあいづちの定義、機能、表現形式、出現場所と発話権交替、学習者の使用などの観点から先行研究を概観してきた。上で述べたように、学習者が使用しているあいづちの実態は様々な角度から明らかにされようとしている。しかし、あいづちの待遇性や、談話展開におけるあいづちの役割など、まだ解明されていない部分が数多くある。それに、多くの研究は学習者と日本語母語話者との比較をしているが、学習者の母語を同時に扱うものはそれほど多くない。学習者の不適切な使用に潜んでいる原因を究明するには、学習者の母語による使用実態との比較を行うことが非常に重要だと思われる。また、これまでのあいづち研究ではあいづちの機能やあいづちの種類、タイミングなどを切り離して論じられたものがほとんどである。日本語教育の立場から考える際、これらを総合的に考える必要があるだろう。例えば、各種類のあいづちがそれぞれどういう機能を担っているか、或いは会話の流れの中であいづちが打たれる場所によって働きがどう変わるかなど、色々な要因を結びつけて解明すべきであろう。
　本章でまとめた先行研究を参考にし、次章では本研究で扱うあいづちの定義、あいづちの認定基準、表現形式、機能分類などについて論じる。

第 3 章　本研究におけるあいづちの規定

第 3 章
本研究におけるあいづちの規定

3.1 本研究で扱うあいづちの定義及びあいづちの認定基準

　前述したように、あいづちの定義についての先行研究は主に「話し手の話を聞いている」というようなその機能によるもの、「はい・うん・ええ」のような表現形式によるもの、あるいは機能と表現形式の両方によるものである。筆者はあいづちを広義に解釈する立場に立ち、会話の進行を促したり助けたりする積極的な機能を持つものをあいづちとして取り扱う。先行研究に基づき、あいづちを次のように定義する。

> 　あいづちとは、話の進行を助けるために、聞き手が話し手の発話に対して「聞いている」「理解している」「同意している」「興味・関心を示す」など自らの意思を伝える短い表現である。

　従来では、例 3-1 の「はい、そうですね」のようなターンの直前に現れるものをあいづちとして扱う研究は少ない。しかし、これは、話し手の先行発話を受け止めながら、これから「私に発話させてください」という機能を持ち、まさに発話と発話の繋がりに関わる存在であり、会話進行上で極めて重要な役割を担っている。本研究においては、ターンの始まりのものもあいづちとして扱うことにする。

下記の例に現れる記号に関して、「↗」は上昇イントネーション、「一」は前の音節が長く伸ばされている、「⌒」は山型イントネーション[1]、「♯」はうなずき、「____」は例に当てはまるあいづちの部分を表している。

例 3-1
❶ A: 進学とかね、そういう問題になったときに、うーんそれでいいのかなってね、思いますけどね。
❷ B: はい♯、そうですね。心配な状況だなって思います。

ただし、次の例 3-2～例 3-4 のような、話し手の呼びかけや質問、勧誘、命令及び情報確認などに対する聞き手の応答表現（下線で示す部分）はあいづちと認めない。

例 3-2
❶ A: 修士課程 2 年の△△です。
❷ B: △△さん↗
❸ A: はい

例 3-3
❶ A: じゃあ頑張ってくださいね。
❷ B: はい

例 3-4
❶ A: あでもやっぱり一番気になるのはもう、上がったり下がったりする…
❷ B: ガタガタするってことね↗
❸ A: はい

あいづちの表現形式

本研究においては、小宮（1986）と堀口（1988）に基づき、あいづちの表現形式を言語形式の「あいづち詞」「繰り返し」「言い換え」「先取り」の 4 つに、「うなずき」という非言語行動を加えて 5 つに分類する。以下では各種類につい

---

[1] 山型イントネーションとは最後のモーラが音引きされ、上昇下降調の独特のイントネーションを形成するものである。音引き現象とは発話単位の最後のモーラがそれ以前の平均的なモーラ長に比べ、引き伸ばされる現象である（市川 2005: 5）。

第 3 章　本研究におけるあいづちの規定

て、例を挙げながら詳しく述べる。

(1) あいづち詞

「はい」「ええ」「うん」「そうですね」「ほんとう」「なるほど」など一般に「あいづち」と言われている表現形式(堀口 1988)。

始まりの音によって分類すると、以下の7種類に分けられる。

「は系」:はい、はーい、はいはい、はあ、はー↗、など。
「うん系」:うん、うんー、うんうんうん、など。
「そ系」:そう、そうそう、そっかー、そうなんだ、そうですね、など。
「あ系」:あ、あーー、など。
「え系」:えー、えーえー、えー↘、へえーー↘、など。
「お系」:おー、おーー↘、など。
「その他」:わあー、ふーん↘、なるほど、すごい、ほんとうだね、など。

以上のものを「単独型」と呼ぶ。それらの組み合わせ、例えば「はい、そうですね」「へーそうなんだ」などは「複合型」と呼ぶことにする。

また、丁寧度の観点から考察するため、敬意のレベルとイントネーションなどを総合的に判断し、第5章ではあいづち詞を以下のように「丁寧系」「中立系」「非丁寧系」の3つに分類する。

「丁寧系」:はい、えー、そうですね、あーそうですか、など。
「中立系」:あー、へえー↘、なるほど、ふーん↘、など。
「非丁寧系」:うん、そうそう、あーそうか、うんそうだね、など。

詳しいことは後に5.2.2で述べる。

(2) 繰り返し

聞き手が話し手の直前の発話の一部または全部を繰り返す場合の発話である。全体的繰り返しより次の例3-5のように部分的繰り返しによるものの方が多い。

例 3-5
❶ JT6：だから、あのうあきませんじゃなくて、あかへんって。
❷ CS6：あかへんって。

(3) 言い換え

聞き手が話し手の発話の内容を自分の言葉で再現する場合の発話であ

る。言い換えは相手の発話を聞いている、あるいは理解しているということの表れであるから、機能的にはあいづちと考えられる。

例 3-6
❶ JT2：特に名古屋はあの一夜、あの一早く、あのー、お店とかね、もうしまってしまうんだね。
❷ CS2：うん、閉店してしまう。

(4) 先取り
　聞き手が予測したことを話し手の言う前に言うことである。先取りは、相手の話を聞いている、積極的に会話に参加するということの表れであり、話し手に有効に働きかけ、共感的な談話の進行に大きく貢献しているため、機能的にはあいづちと考えられる。本稿では堀口（1997：83）が述べている「先取り発話」のみ考察対象とする。

例 3-7
❶ JF13：今週でユニットが終わって、
❷ JS3：うんー
❸ JF13：終わるってことは、
❹ JS3：あーテストがあるんだ。
❺ JF13：テストがあって、今週テストがある。

(5) うなずき
　「うなずき」は首を縦に振る非言語行動を指す。あいづちとしての非言語行動で注目されるのは主にうなずきであるが、その他に視線や笑い、表情なども入れる研究がある。ただし、視線をはっきりつかむことが困難なため、本研究では分析からはずした。また、笑いやほほえみがあいづちの機能を果たしていると指摘されているが、被験者の顔の表情がはっきりしない場合もあったため、本研究では扱わないことにした。本稿では、非言語行動の中のうなずきのみをあいづちの一種類として考察する。うなずきを分析するにあたり、単独で使用されるものと言語的あいづちに伴って使用されるものを分別せずにまとめて考察する。なお、動きの大小や遅速は無視し、うなずきが起きるごとに一回として数え、連続して現れた場合も全て一回分として見なす。

第3章 本研究におけるあいづちの規定

 あいづちの機能

あいづちの機能に関しては研究者によって分類が異なるが、本研究において機能分類の際には堀口(1997)や松田(1988)を参考にし、以下の5つの反応を示すものがあいづちの機能を果たしているとみなした。

(1) 聞いている表示
話し手の話を聞いているという信号を示すことである。

例3-8
❶ JF1：毎日日記はかかなか/日記書いてたかな。日記も書いて、
❷ CS1：うん＃＃
❸ JF1：でも料理日記みたいな感じで、
❹ CS1：うん＃
❺ JF1：今日何食べたって感じで、
❻ CS1：うん＃＃＃

この例でCS1は「うん」というあいづちを打って、相手のJF1の話を聞いているということを表している。これを話し手の側から見ると、相手が話を聞いてくれていることが分かり、そのおかげで安心して次々と話を続けることができるのである。聞き手は話し手の言うことがよく分からなくても、あるいは話し手の言うことに同意できなくても、聞いているという信号を送ることもある。

(2) 理解している表示
相手が伝えた情報の理解を示すものである。

例3-9
❶ JF6：後は勉強っていうより、向こうで授業が、豊田の方で授業があるので、
❷ CS6：あーそうなんだ
❸ JF6：遊びにじゃないけどね。あのー、教職、先生の免許を取るために。
❹ CS6：あー

このように聞き手CS6は、「あなたの話をここまでは理解していますよ」

ということをあいづちによって伝える。「聞いているが、理解していない」場合があれば、「聞いていて、かつ理解している」場合もある。一方、「聞いている」と「理解している」の機能が重複している例が多く、どちらに分類すべきか判断するのが難しいことも多い。本研究においては、1つのあいづちが2つ以上の機能を兼ねる場合には、前後の文脈から判定し、主となる機能を認定する。

(3) 同意・共感の表示

相手の話を聞いて理解し、さらにそれに同意する、あるいは共感を持っていることを表明する。

例 3-10
❶ JF4：中国はたぶん、効かないかもしれないけど{＃＃}、フランスとかそういうところだったら列車まで効くって、それが。
❷ CS4：そうそうそう。なんか、なんかちょっと、それも聞いた。

JF4の学生割引がフランスでは列車まで効くという発話に対して、聞き手CS4が「そのとおりだ」と同意していることを表している。

(4) 感情の表出

話し手の言うことを聞いて感じた驚き、喜び、悲しみ、怒り、疑い、同情、いたわり、謙遜など、いろいろな感情を言葉で表すもの。

例 3-11
❶ JF14：ちょっとなんかね頭がこう尖ってて、
❷ JS4：あ〜
❸ JF14：Nくんほどはいかないけど、
❹ JS4：うん
❺ JF14：ちょっとこうなんかこのへんぽこっとしてて、
❻ JS4：うん＃うんうん
❼ JF14：キューピーみたいな感じなの。
❽ JS4：へぇーー↷＃＃

JS4の「へぇーー↷」はJF14のある人の頭についての話に対する驚きを表している。

第 3 章　本研究におけるあいづちの規定

　一方、例 3-12 では、教師のJT6の褒め言葉に対して、CS6は「いいえ」とあいづちを打ち、謙遜した態度を表している。堀口(1997)は、このようなあいづちを「聞き手は、話し手の言うことを聞いて理解したが、賛成ではない或いは納得できないというような信号を送ることがある」と解釈し、「否定の信号」の一種と分類しているが、本研究においては、謙遜も感情の一種と捉え、合せて「感情の表出」とする。

例 3-12
❶ JT6：日本語うまいね。
❷ CS6：いいえ、とんでもないです(笑)。
❸ JT6：いやいやほんまに。
❹ CS6：いえいえ(笑)。

　例 3-12 の「いいえ」と「いえいえ」のようなものは、あいづちとして認めない立場もあるが、ザトラウスキー(1993：70)は11種のあいづちの機能の中に「否定の注目表示」という下位分類を設けて、「感謝」「陳謝」などを打ち消す」ものとして、例 3-13 の121Bのような例を示している。また、別冊資料に例 3-14や例 3-15のような例が見られる。例 3-12において、話し手JT6の「日本語うまいね」という発話は、相手に「はい」か「いいえ」というような応答を要求しているわけではない。このような褒めや感謝、謝りなどに対して否定の意を表すものは、賛成ではないが聞いているという反応であり、本稿は、ザトラウスキー(1993)と堀口(1997)に従い、あいづちとして認定することにした。

例 3-13
❶ 120 A　ごめんね↗
❷ 121 B　ううん。　　　　　　　　　(ザトラウスキー 1993、別冊資料 p.17)

例 3-14
❶ 6 I　どうもありがとうね。わざわざ。
❷ 7 N　いえいえ。　　　　　　　　　(ザトラウスキー 1993、別冊資料 p.20)

例 3-15
❶ 248 K　ごめんなさいね。
❷ 249 Y　いえ、いえ。　　　　　　　(ザトラウスキー 1993、別冊資料 p.28)

(5)「間をもたせる」

次にどちらかが話し始めるまで、余韻のように続けられるものである。

例 3-16

❶ JF13：私もね、場所知らないんだけど(笑)。鈴鹿っていうけど。どこって感じで。
❷ JS3：あーー＃＃、そうなんだ。
❸ JF13：＃＃
❹ JS3：＃＃
❺ JF13：そこに行ってる先生一人知ってるけど。
❻ JS3：本当。日本語の先生で↗

本研究では、被験者のあいづち全てを上記のどれかのカテゴリーに分類するのではなく、表現形式や談話展開との関わりなどの面からあいづちを分析する際、機能という側面からの考察も入れるため、ここであいづちの機能を分類しておくことにした。

以上が本研究のあいづちに関する定義と分類である。

第4章 調査概要と分析方法

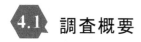

調査概要と分析方法

4.1 調査概要

4.1.1 調査協力者

調査は日本愛知県にあるN大学で行った。

中国人の調査協力者は、①中国語を母語とする日本語学習者(以下「CS」とする)、②20〜30代、③大学生・大学院生、④日本語学習歴が4年以上、⑤日本語能力試験1級合格者に限った。日本語学習歴を4年以上持つ日本語能力試験1級の合格者は、大学や大学院での日本人と共通の授業が受けられる日本語能力があるとされるため、本研究においては日本語上級学習者と考えた。上級学習者に限定したのは、上級学習者は日本語接触場面において、意思疎通に言葉の困難を感じることがほとんどなく、相手の発話の意味を十分に理解した上で、あいづちを打つ余裕があると見られるからである。調査協力者10名の内、男性、女性各5名である。

日本人の調査協力者は、①日本語母語話者(以下「JS」とする)、②20〜30代、③大学生・大学院生に限定した。男女各5名で、計10名である。調査協力者のデータは表4-1のとおりである。

表4-1 調査協力者データ

学習者	性別	年齢	学習歴(中国国内＋日本滞在期間)	日本人	性別	年齢
CS1	女	25	5年 ＋ 11ヶ月	JS1	女	24
CS2	女	22	4年 ＋ 1ヶ月	JS2	女	24
CS3	女	22	4年 ＋ 1ヶ月	JS3	女	25

续表

学習者	性別	年齢	学習歴(中国国内＋日本滞在期間)	日本人	性別	年齢
CS4	女	24	4年 ＋ 3年7ヶ月	JS4	女	24
CS5	女	24	4年 ＋ 1年2ヶ月	JS5	女	23
CS6	男	24	4年 ＋ 1年2ヶ月	JS6	男	26
CS7	男	30	3年 ＋ 6年7ヶ月	JS7	男	25
CS8	男	28	4年 ＋ 4年7ヶ月	JS8	男	20
CS9	男	32	6ヶ月 ＋ 4年1ヶ月	JS9	男	20
CS10	男	26	4年 ＋ 4年4ヶ月	JS10	男	20

　話し相手の設定にあたり、親疎関係や年齢、社会的立場などの要素を総合的に考慮し、「あらたまり」的表現を使うべき相手を、疎遠の関係であり、目上の立場にある、同大学の初対面の教師にした。「くだけた」表現を使うべき相手を、親しい関係であり、同等の立場にある、各自の友人に設定した。このように対比していると思われる二つのグループを設定した理由は、もし相手によってあいづちの使用に違いが出てくるなら、より鮮明な結果が得られるだろうと考えたからである。親しくても先生と学生という間柄は決して友達レベルにはならない、または友達というのはある程度親しくなければ友達とは言わないなどのことを考え、目上・目下と親疎の関係を組み合わせて一つの要因として扱うことにした。教師役はN大学の40〜50代の日本人教師(以下「JT」とする)、及び中国人教師(以下「CT」とする)10名ずつにお願いした。友人役は調査協力者CSとJSにそれぞれ自分の友達を紹介してもらった。全員20〜30代の大学生・大学院生である。教師役と友人役は、いずれも男性5名、女性5名である。以上、本調査は計70名の被験者の協力を得た。

4.1.2　調査内容

　調査は会話のデータ収集、アンケート調査、及び後日のフォローアップ・インタビューの3部分で構成されている。

4.1.2.1　会話のデータ収集

　「あいづち」の研究という調査の本当の目的を参加者に告げずに、JSとCSにそれぞれ日本人教師及び日本人友人(以下「JF」とする)と会話をしてもらい、CSにはその他に中国人教師、中国人友人(以下「CF」とする)との会話も依頼した(図4-1)。

第4章　調査概要と分析方法

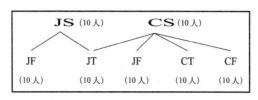

図4-1　会話調査の概要

　調査結果が性別の要素に影響されないように、いずれも会話参加者が同性同士となるように設定した。談話分析には自然会話が最もふさわしいと言われているため、本調査は話題の規定はせずに気楽に15分程度自由会話をしてもらうことにした。会話はビデオカメラ及びMDレコーダーで記録した。設定を済ませた後調査者はその場から離れ、会話場面には立ち会わないようにした。
　なお、会話の詳細は以下のとおりである。
【日本語母語話者同士の会話(以下「JJ」とする)】
　　JS&JF：10組　　　JS&JT：10組
【中国語母語話者同士の会話(以下「CC」とする)】
　　CS&CF：10組　　　CS&CT：10組
【中国人日本語学習者と日本語母語話者の会話(以下「CJ」とする)】
　　CS&JF：10組　　　CS&JT：10組

4.1.2.2　アンケート調査
＜アンケート調査1＞
　データ収集を行う前に協力者全員(教師除外)に個人情報についてのアンケート調査用紙(資料1参照)を配り、回答してもらった。協力者の出身地や年齢、連絡方法などを聞き、留学生たちにはさらに日本語の学習歴、いつ来日したか、日本人との接触機会が多いかどうかなどの質問にも答えてもらい、本研究で設定された協力者の条件を満たすかどうかを確認した。
＜アンケート調査2＞
　会話終了直後に教師以外の協力者全員にアンケート調査用紙(資料2参照)を配り、今回の会話で自然に話せたかどうか、相手との関係についての認識、会話中相手との関係を意識していたかどうか、相手の話し方についての思いなどの6問を設けて、回答を求めた。

4.1.2.3　フォローアップ・インタビュー

　フォローアップ・インタビューは、記録の時点での意識を調べる方法である(ネウストプニー 1994:15)。本調査はネウストプニーのフォローアップ・インタビューの方法に基づき、会話収集後の2週間以内に、下記の手順で、調査協力者全員に個別にインタビューを行った。

● ウォーミング・アップ

- 本来の調査目的について説明する。
- 会話についての全体的な印象を聞く。
- 会話参加者の調査目的についての予想、自分の役割についての期待を確認する。
- 聞き手としての自分(あるいは相手)のあいづちについて評価してもらう。
- 話し手としての自分(あるいは相手)の話し方や反応などについて評価してもらう。

● インタビューの進め方の説明

- 「これからビデオテープを再生し、以下のいずれの箇所で停めてもらっても結構です」と説明する。
  - A. 感想を述べたい、補足説明をしたい
  - B. 自分が話しているとき
    - a. 相手の反応が不自然、失礼だなと感じたところ
    - b. 相手が黙っていて何も反応がなく、それで不安になったところ
    - c. これから言おうとする話を相手が予測して先に言ったが、自分が本当に言いたかったこととは違っていたところ
    - d. 相手の反応がよく、話しやすいと感じたところ
  - C. 相手が話しているとき
    - a. 相手の話に興味がない、つまらなかった
    - b. 相手の話しがよく分からなかった
    - c. どう反応すればいいか分からなかった
- 調査者が確認したい箇所でテープを停止するときもある。

● 記録時の意識

- ビデオを再生し、被験者に任意の箇所で停止、感想・補足説明などをし

第 4 章　調査概要と分析方法

てもらう。
- 調査者が確認したい箇所で停止し、その時の被験者の意識を調べる。

● 記録後の意識

- 感想を聞く。

4.2　分析方法

4.2.1　文字化の方法

　音声を聞き、ビデオ映像を見ながら、全ての会話データを文字おこしした。その内、日本人同士の会話部分を日本語母語話者の大学院生 N さんにお願いし、後に筆者が確認した。

　文字化の方法は以下のとおりである。

A. 読みやすくするために、原則として漢字・仮名まじりの形で表記する。特殊な言い方などは小文字のアルファベットで表す。日本語や中国語の文字はすべて全角で、数字は二桁以上の場合半角で表記する。
B. ごく短い沈黙、或いはさらに文が続く可能性がある場合の「名詞句、副詞、従属節」などの後に「、」で記し、文末に「。」というように読点を打つ。
C. 人間の声はすべて文字化する。発音が少々逸脱していても意味の分かる部分は日本語の正書法に従った表記をする。
D. ポーズは「、」、一瞬の沈黙くらいの長さの場合「※」で、気まずい沈黙くらい長い場合「※※※」で表す。基本的に「※＝1 秒」。
E. 発話の重なっているところは「＿＿」で示す。
F. 聞き取りにくくて推測で記入した部分は「[　]」で囲む。
G. まったく聞き取れない部分は「×××」とする。
H. 母音の引き伸ばしは「ー」で表す。「ー」の数が多いほど、長く発せられたことを示す。
I. 波のように上昇下降が 2 回以上繰り返されるイントネーションを「〜」で表す。本研究では「波型イントネーション」と呼ぶ。「〜」の数が多いほど、長く発せられたことを示す。
J. 上昇イントネーションを「↗」、山型イントネーションを「∩」、平板イントネーションを「→」で示す。
K. うなずきは「♯」で表す。回数ごとに記入し、1 回の場合「♯」で、3 回の場

合「＃＃＃」で表す。それ以外の非言語情報があるところは「（ ）」で囲んで記入する。例えば「（笑）」は笑いを表す。なお、聞き手の非言語行動は話し手の発話中に現れる場合は、「{ }」で表す。

L. 個人情報保護に基づき、人名、学校名などは△△で表す。

4.2.2 文字化の記号

文字化する際に、以下の記号を用いた。

　　　　　　例に当てはまるあいづち
↗　　　　　上昇イントネーション
→　　　　　平板イントネーション
∩　　　　　山型イントネーション
～　　　　　波型イントネーション
、　　　　　ごく短い沈黙、或いは後に文が続く可能性がある場合
—　　　　　前の音節が長く伸ばされていること
/　　　　　発話を急に中断したところ
＃　　　　　うなずき
（笑）　　　「笑い」という非言語的行動
{ }　　　　話し手の発話中に聞き手が挟む非言語行動
※　　　　　沈黙
（秒）　　　沈黙が長い場合、その秒数
×××　　　聞き取りが不可能な部分
＿＿　　　　二人の発話が重なっている部分

4.2.3 分析対象と分析方法

あいづちの表現形式についての分析に関しては、対象となるのはJSとCSによって使用されたあいづちのみである。調査で計60組の会話を収集したが、日本人友人同士の会話のうち、一組はJSが年上のJFに対して敬語を使っており、親しい友人同士の設定に外れていると判断したため、分析資料から除外した。またそれと対応のある教師との会話も除いて、分析データとして使ったのが計58組の会話で、会話時間は13時間58分であった。会話ごとにそれぞれCSとJSが使用したあいづち数を計算し、また、被験者が使用したあいづちの総数を人数で割り、「CS-JT」や「JS-JF」のように、グループごとに平均使用回数を算出した。

第6章と第7章で取り上げる内容は、あいづちを中心とする広い範囲で

第4章　調査概要と分析方法

の会話展開に関するもので、CSとJSに限らず、CSとJSの相手となる会話参加者も分析の対象に入れることにする。

　全体の分析の手順としては、

A. 文字化されたデータに見られたあいづちに相当するものを取り出した。
B. 上昇イントネーションを伴うもの、例えば、上昇イントネーションの繰り返しなどの場合は、相手の応答を求めるもので、説明要求あるいは確認要求と考えてあいづちから除く。また、話し手の質問や上昇イントネーションなどによる積極的に応答を求めたものに対する答えと見なされるものも除外した。
C. 日本語母語話者同士の会話と接触場面の会話データから対友人と対教師の会話サンプルをそれぞれ2つ、計4つ抽出し、日本語母語話者の大学院生Kさんにあいづち認定をお願いした。Kさんはビデオと文字化データを見ながら、単独で認定作業を行った。筆者の認定したあいづちとの一致率が96.7%であった[1]ため、筆者が行ったあいづちの認定に関しては、信頼性があると見られる。なお、中国語母語場面のあいづちについては筆者一人で判定した。
D. 認定されたあいづちを表現形式、機能、出現位置など観点別に分析した。丁寧度分類に際しては、日本語母語話者の大学院生Kさんの協力を得て、ビデオデータを見ながら筆者の分類と一致するか判定してもらった。意見が分かれたものに関しては、再度確認し、最終的に分類を決定した。

　あいづちの表現形式を分析する際、同じ被験者によって「友人との会話」と「教師との会話」に使用されたあいづちの平均値に差があるかどうかを検討するため、対応のあるt検定を行った。また、日本語母語会話、中国語母語会話、接触場面における学習者の日本語会話の三者を比較するため、一元配置分散分析という統計処理法を用いた。

---

[1] 一致しなかったものに関しては、二人でもう一度音声と画像で確認し、話し合った結果、意見の一致をみた。

第5章 あいづちの表現形式

　本章では、まず日本語母語会話、中国語母語会話、日本語接触場面会話の順に各会話場面に現れたあいづちの形式について考察する。次に「あいづち詞」を取り上げ、「は系」「うん系」のように語頭音による分類、及び「丁寧」「中立」「非丁寧」のように丁寧度による分類の2つの視点から分析していくことにする。最後に本章の内容についてまとめる。

5.1　あいづちの表現形式

　まずあいづちの表現形式を大きく5分類し、日本語母語会話（JJ）、中国語母語会話（CC）、中国人学習者と日本語母語話者の接触場面会話（CJ）について順次分析し、それぞれどのようなあいづちが現れ、使われたあいづちにどのような特徴があるのかを考察する。そして同一被験者でありながら、相手が友人である場合と相手が教師である場合とは使ったあいづちにどのような違いがあるのかを明らかにする。さらに、対友人場面と対教師場面に分けて、JJ、CC、CJを比較し、三者間の異同を探る。

5.1.1　日本語母語会話に現れたあいづち

　「友人との会話」（対 JF）と「教師との会話」（対 JT）に現れた各形式のあいづちの回数、総数に占めるパーセンテージ、及び2種類の会話に現れたあいづちの回数を量的に比較するため t 検定を行い、その結果は表5-1のとおりである。そして図5-1は表5-1の平均回数の数値に基づいて作成したものである。

第5章 あいづちの表現形式

表 5-1　日本語母語会話対友人と対教師の比較

		n/人	平均回数	標準偏差	t 値	有意確率
あいづち詞	対JF	9	85.9(52.06％)	49.31	−2.691	0.027*
	対JT	9	119.1(47.05％)	52.90		
繰り返し	対JF	9	2.1(1.27％)	2.09	1.746	0.119
	対JT	9	0.8(0.31％)	1.30		
言い換え	対JF	9	0.1(0.07％)	0.33	1.000	0.347
	対JT	9	0.0(0.00％)	0.00		
先取り	対JF	9	0.7(0.42％)	1.12	0.217	0.834
	対JT	9	0.6(0.23％)	1.01		
うなずき	対JF	9	76.2(46.18％)	48.06	−4.739	0.001**
	対JT	9	132.7(52.41％)	41.25		
総数	対JF	9	165.0(100.00％)	98.72	−4.498	0.002**
	対JT	9	253.1(100.00％)	84.09		

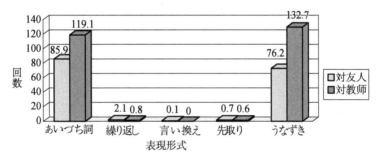

図 5-1　日本語母語会話に現れたあいづち

　友人との会話において、日本人は平均165.0回あいづちを打っている。その内「あいづち詞」が85.9回(52.06％)で最も多く、続いて「うなずき」76.2回(46.18％)、そして「繰り返し」2.1回(1.27％)、「先取り」0.7回(0.42％)、「言い換え」0.1回(0.07％)である。一方、教師との会話においては、あいづちが平均253.1回使用されており、その内最も多いのは「うなずき」の132.7回(52.41％)である。次は「あいづち詞」119.1回(47.05％)で、続いて「繰り返し」0.8回(0.31％)、「先取り」0.6回(0.23％)となっている。「言い換え」は全く現れなかった。「あいづち詞」と「うなずき」が圧倒的に多く、「繰り返し」「言い換え」「先取り」の使用がまれであることが対友人と対教師の両者に共通している。「あいづち詞」と「うなずき」の使用率を合わせると、対友人は98.24％、対教師は99.46％となる。しかし、友人との会話場面において「あい

づち詞」が最も多く「うなずき」はその次であるが、教師との会話においては「うなずき」が「あいづち詞」を上回っている。

対JFと対JTに現れたあいづち数をt検定にかけた結果、両者の間に有意な差があり[$t(8)=-4.498$, $p<0.01$]、日本人は友人との会話より教師との会話の方がより多くあいづちを打っていることが分かった。これは相手が目上の立場にある教師であるため、興味深く聞いているという姿勢を積極的に相手に示そうとすることの表れであると思われる。

次に、5つの表現形式に関して、どの項目において対JFと対JTの間に差があるのかを考察する。有意差が見られたのは「あいづち詞」[$t(8)=-2.691$, $p<0.05$]と「うなずき」[$t(8)=-4.739$, $p<0.01$]のみである。したがって、日本人は友人と会話する場合より教師と会話する場合の方がより多くあいづち詞を使い、そしてより頻繁にうなずいていると解釈できる。

5.1.2　中国語母語会話に現れたあいづち

続いて中国語のあいづちについて分析する。表5-2は中国人協力者CSが友人(CF)及び教師(CT)との中国語母語会話で使用したあいづちを表すものである。そして図5-2はあいづちの平均回数に基づいて作成したものである。

表5-2　中国語母語会話対友人と対教師の比較

		n/人	平均回数	標準偏差	t値	有意確率
あいづち詞	対CF	10	56.0(59.57%)	36.28	−0.699	0.502
	対CT	10	61.6(46.96%)	24.64		
繰り返し	対CF	10	1.0(1.07%)	0.94	−2.941	0.016*
	対CT	10	2.4(1.82%)	1.78		
言い換え	対CF	10	0.2(0.21%)	0.42	−1.152	0.279
	対CT	10	0.5(0.39%)	0.71		
先取り	対CF	10	1.0(1.07%)	1.05	−1.399	0.195
	対CT	10	2.0(1.52%)	2.45		
うなずき	対CF	10	35.8(38.08%)	29.88	−2.076	0.068
	対CT	10	64.7(49.31%)	43.61		
総数	対CF	10	94.0(100.00%)	61.44	−1.750	0.114
	対CT	10	131.2(100.00%)	61.55		

第 5 章　あいづちの表現形式

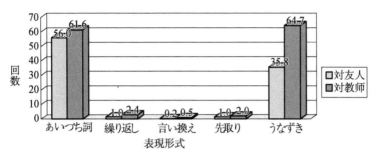

図 5-2　中国語母語会話に現れたあいづち

　友人との会話において、あいづちの平均使用頻度は94.0回となっている。その内「あいづち詞」が56.0回と最も多く、全体の59.57％を占めている。続いて「うなずき」が35.8回で、38.08％である。「あいづち詞→うなずき→繰り返し＝先取り→言い換え」の順に少なくなっていく。一方、教師との会話では、あいづちが平均131.2回現れた。その内、「うなずき」が64.7回と最も多く、全体の49.31％を占めている。「あいづち詞」が61.6回（47.96％）でその次となっている。続いて「繰り返し→先取り→言い換え」という順に現れている。

　対CFと対CTの平均値をt検定で比較したところ、総数及び「あいづち詞」「言い換え」「先取り」「うなずき」の項目においては、有意差が見られなかった。しかし、「繰り返し」に関しては、両者の間に差があることが分かる［$t(9)=-2.941, p<0.05$］。よって、中国人は教師との会話で「繰り返し」をより多く使っていると言えるだろう。小宮（1986：51）によると、日本語の「繰り返し」は、「より積極的に相手に近づき働きかける表現」で、「積極的すぎて失礼に当たる」という。しかし、今回の調査で得られた結果から考察すると、中国語会話に現れた「繰り返し」は、失礼ではなく、逆に相手の教師の発話を興味深く、あるいは真剣に聞いているというポジティブな働きかけの表現なのではないかと考えられる。例を挙げて見てみよう。

例 5-1
❶ CT3：但是―我大学院以后，我就是上，就是专攻现代文学。
❷ CS3：现代文学♯♯♯
❸ CT3：对,嗯
❹ CS3：哦,那您现在教的就是现代文学↗
❺ CT3：不、我们学校是外语系。
❻ CS3：外语系。

❼ CT3：所以主要就是教外语，教汉语。

＜例 5-1 の日本語訳＞
❶ CT3：でも、大学院に入ってから、現代文学を専攻しました。
❷ CS3：現代文学♯♯♯
❸ CT3：ええ、そうです
❹ CS3：あー。じゃ今現代文学を教えていらっしゃいますか↗
❺ CT3：いいえ、うちの学校は外国語学部だから。
❻ CS3：外国語学部。
❼ CT3：主に外国語、中国語を教えています。

　この会話では、教師 CT3 の伝えた情報を聞きながら、CS3 は 2 で「現代文学」、6 で「外国語学部」と CT3 の発話の一部を繰り返している。いずれも相手の発話の中で CS3 が特に関心を持った部分である。相手の発話に興味を持っていることを積極的に出した、相応しい表現だと思われる。楊（1997）では中国語母語会話において「繰り返し」の多用という結果も得られ、「相手の話を熱心に聞いているという態度、あるいは自分が関心を持つ部分や重要だと思うところを『くり返し』によって話し手に表している」（p.121）と述べている。

5.1.3　学習者の日本語接触場面会話に現れたあいづち

　次に日本語母語話者との接触場面会話において、中国人学習者はどのようなあいづちを使用しているかについて考察する。表 5-3 と図 5-3 は中国人学習者 CS が日本人の友人（JF）及び日本人の教師（JT）との会話で使用したあいづちを表したものである。

表 5-3　日本語接触場面会話対友人と対教師の比較

		n/人	平均回数	標準偏差	t 値	有意確率
あいづち詞	対 JF	10	58.6(53.33％)	20.80	−2.271	0.049*
	対 JT	10	89.6(49.44％)	43.76		
繰り返し	対 JF	10	1.5(1.37％)	1.78	−1.646	0.134
	対 JT	10	2.4(1.32％)	2.46		
言い換え	対 JF	10	0.2(0.18％)	0.42	−0.429	0.678
	対 JT	10	0.3(0.17％)	0.67		

第 5 章　あいづちの表現形式

続　表

		n/人	平均回数	標準偏差	t 値	有意確率
先取り	対JF	10	0.8(0.72％)	1.48	0.937	0.373
	対JT	10	0.4(0.23％)	0.97		
うなずき	対JF	10	48.8(44.40％)	38.10	−3.724	0.005 **
	対JT	10	88.5(48.84％)	54.46		
総数	対JF	10	109.9(100.00％)	58.06	−3.200	0.011 *
	対JT	10	181.2(100.00％)	88.08		

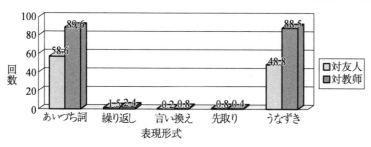

図 5-3　接触場面会話に現れたあいづち

相手が友人である場合、学習者は平均109.9回あいづちを用いている。その内最も多いのは「あいづち詞」の58.6回(53.33％)であり、次に「うなずき」の48.8回(44.40％)となっている。一方、相手が教師である場合、あいづちが181.2回現れ、その内「あいづち詞」が89.6回(49.44％)、「うなずき」が88.5回(48.84％)である。「繰り返し」「言い換え」「先取り」の使用頻度はどちらの場面においても低い。

対友人と対教師の平均値を t 検定で比較した結果、まず総数に関しては、両者の間に有意差があることが明らかになった［$t(9)=−3.200, p<0.05$］。つまり、中国人学習者が使用したあいづちは、友人との会話より教師との会話の方がより多いということである。また、5つの表現形式の中で有意な差が見られたのは「あいづち詞」［$t(9)=−2.271, p<0.05$］と「うなずき」［$t(9)=−3.724, p<0.01$］である。あいづちの総数及び「あいづち詞」と「うなずき」の二項目において、教師に対して使用頻度がより高くなっているという結果は、日本語母語話者会話(JJ)と全く同じである。これは真剣に聞いているという姿勢を示し、教師への配慮の表れだと思われる。これに対して、中国語母語会話(CC)においてはこのような傾向が現れなかった。すなわち、中国人は母語の中国語で会話する場合、相手が友人であっても教師であってもほとんど同じ頻度であいづちを打っているが、日本語の接触場面においては、友人より教師の話を聞いている際に「あいづち詞」と「うなずき」を

より頻繁に使用していることが分かる。

5.1.4　JJ・CC・CJ 三者間の比較

　以上、JJ・CC・CJ の3つの会話場面に現れたあいづちについてそれぞれ分析してきた。それでは、「友人との会話」場面と「教師との会話」場面において、JJ・CC・CJ 三者間にどのような違いがあるのか、本節で一元配置分散分析という統計処理の手法を用いて考察する。対友人場面の結果を表5-4、対教師場面の結果を表5-5で示す。

表5-4　対友人場面に現れたあいづちの三者比較

		n/人	平均回数	F 値	有意確率
あいづち詞	JJ	9	85.9	1.887	0.172
	CC	10	56.0		
	CJ	10	58.6		
繰り返し	JJ	9	2.1	1.066	0.359
	CC	10	1.0		
	CJ	10	1.5		
言い換え	JJ	9	0.1	0.156	0.856
	CC	10	0.2		
	CJ	10	0.2		
先取り	JJ	9	0.7	0.177	0.839
	CC	10	1.0		
	CJ	10	0.8		
うなずき	JJ	9	76.2	2.624	0.092
	CC	10	35.8		
	CJ	10	48.8		

表5-5　対教師場面に現れたあいづちの三者比較

		n/人	平均回数	F 値	有意確率
あいづち詞	JJ	9	119.1	4.519	0.021*
	CC	10	61.6		
	CJ	10	89.6		
繰り返し	JJ	9	0.8	2.204	0.131
	CC	10	2.4		
	CJ	10	2.4		

第 5 章　あいづちの表現形式

続　表

		n/人	平均回数	F 値	有意確率
言い換え	JJ	9	0.0	1.804	0.185
	CC	10	0.5		
	CJ	10	0.3		
先取り	JJ	9	0.6	2.831	0.077
	CC	10	2.0		
	CJ	10	0.4		
うなずき	JJ	9	132.7	5.058	0.014*
	CC	10	64.7		
	CJ	10	88.5		

　まず、「友人との会話」場面においては、「あいづち詞」「繰り返し」などの5つの形式ごとに比較した結果、どの項目においても有意な差が見られなかった。したがって、友人が話し相手である場合、JJ・CC・CJが使用したあいづちはほとんど同じであると言える。

　一方、「教師との会話」場面では、「あいづち詞」[$F(2,27)=5.513, p<0.05$]と「うなずき」[$F(2,27)=6.477, p<0.05$]においては平均値の差が有意であった。Tukeyを用いた多重比較によれば、いずれもJJとCCの間に有意差があり、CCよりJJの方が使用頻度が高いことが分かった。つまり、相手が教師である場合、中国語母語話者より日本語母語話者の方がより頻繁に「あいづち詞」と「うなずき」によってあいづちを打っている。

　下記の図5-4は三者に使用された「あいづち詞」と「うなずき」の平均値に基づいて作成したものである。

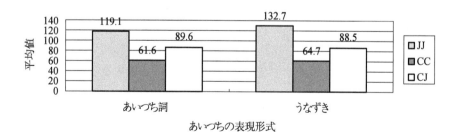

図5-4　教師との会話における「あいづち詞」と「うなずき」の使用状況

　「あいづち詞」の使用頻度は、JJが119.1回、CCが61.6回、CJが89.6回である。「うなずき」の平均値は、JJが132.7回、CCが64.7回、CJが88.5回となっている。いずれもJJが最も多く、JJ＞CJ＞CCの順に少なくなっていく。日本

人が中国人に与えるイメージとして、礼儀正しい、よくお辞儀する、よく頭を縦に振るということが挙げられる。本調査の結果から日本人が非言語的表現のうなずきをより多く使う傾向があることが分かる。「あいづち詞」と「うなずき」の使用において、中国人学習者は母語の中国語より目標言語の日本語の方に近づいていく傾向が見えてくる。すなわち、「あいづち詞」と「うなずき」の二項目は、日本人とのやりとりの中で身につけることが可能だと考えられる。しかし、日本語の「あいづち詞」は種類が豊富で、待遇性が潜んでいるので、学習者が話し相手との関係を考慮しながら相応しいものを使用できているかどうかについては分析しなければならない。「あいづち詞」については次節で詳しく考察する。

5.2 あいづち詞

　前節で明らかにしたように、「あいづち詞」はどの会話場面においても数多く使われている。本節では、あいづち詞を取り上げ、さらに詳しく分析する。まず5.2.1では、あいづち詞を形式の観点から考察する。話し相手が友人である場合と相手が教師である場合において、それぞれどのようなものが使われ、相手によってどんな違いがあるかについて、JJ、CC、CJの順に考察していく。次に5.2.2では、日本語学習者と日本語母語話者が使用したあいづち詞を丁寧度の角度から考察し、両者の相違を明らかにする。

5.2.1　形式の観点からの分析

　形式上どんなものが使われているかということを明らかにするため、あいづち詞を始まりの文字によって以下の7種類に分ける。

【は系】「は」で始まるもの、例えば、はい、はあ、はいはいはい、はー↗、など。なお、「はい」一回で終わるものや、「はいはいはいはいはいはい」のような6回繰り返すものも全部「は系」と見なす。以下同様である。

【うん系】「うん」で始まるもの、例えば、うん、うんー、うんうんうん、など。

【そ系】「そ」で始まるもの、例えば、そう、そうそう、そっかー、そうなんだ、そうですね、など。

【あ系】「あ」で始まるもの、例えば、あ、あーー、など。

【え系】「え」で始まるもの、例えば、えー、えーえー、えー↗、へえーー↘、など。

第 5 章　あいづちの表現形式

【お系】「お」で始まるもの、例えば、おー、おーー↗、など。
【その他】わあー、ふーん↗、なるほど、すごい、ほんとうだね、など。

　以上のものを「単独型」と呼ぶ。それらの組み合わせ、例えば「はい、そうですね」「へーそうなんだ」などは「複合型」と呼ぶことにする。
　以下では、JJ・CC・CJの順にそれぞれの使用実態を明らかにした上で三者を比較する。

5.2.1.1　日本語母語会話に現れたあいづち詞

　まず友人同士の会話に現れたあいづち詞を考察する。すべてのあいづち詞を使用頻度の高い順に並べると、次の表5-6のようになる。

表5-6　JJ会話の対友人場面に現れたあいづち詞の降順配列

番号	形式	回数	番号	形式	回数
1	うん	337	23	そうだね	4
2	うんー	90	24	そうだよね	4
3	うんうんうん	31	25	ほんとう	4
4	うんうん	29	26	うんーーー	3
5	あー	25	27	ふん	3
6	あ〜〜	18	28	うわー	3
7	へえー↗	18	29	うわーー↗	3
8	ふーん↗	15	30	あーそっか	3
9	そう	12	31	あ、まじで	3
10	あーー	12	32	うん×5	2
11	えー↗	12	33	そうそうそうそう	2
12	ねー	12	34	そうなの	2
13	そっかー	11	35	そっかそっか	2
14	うんうんうんうん	10	36	あーーーー	2
15	へー↗	10	37	へえーーーー↗	2
16	えーー	8	38	だよね	2
17	あ、そうなんだ	8	39	すげー	2
18	そうなんだ	6	40	ほんとうだね	2
19	うん〜〜	5	41	ほんとうだよ	2
20	そうそう	5	42	あそう	2
21	そうそうそう	5	43	あーそっかそっか	2
22	はー	4	44	あ、うんうん	2

続 表

番号	形式	回数	番号	形式	回数
45	あ、うんうんうん	2	61	あーーそうだね	1
46	うんそうだね	2	62	あ、うそ	1
47	えーすげー	2	63	あーはいはいはい	1
48	はーはーはー	1	64	あーなるほど	1
49	はーーー↗	1	65	あ～～ほんとうだね	1
50	うん×6	1	66	あーうん、そうだろうね	1
51	そうね	1	67	あらーあーーー↗	1
52	そうですよね	1	68	うん、そうそう	1
53	おー	1	69	うんはいはいはいはい	1
54	おーー↗	1	70	うんーー、たしかに	1
55	おーーーーーー	1	71	へーそうなんだ	1
56	ふんふん	1	72	はーーそっかー	1
57	やーー	1	73	ふーん↗そっか	1
58	すっげーな	1	74	まあねえ	1
59	ほんとに	1	75	わかるわかる、うん	1
60	あ、そうなの	1	合計		773

友人との会話において、日本語母語話者は75種類のあいづち詞を延べ773回使用していることが表5-6から分かる。その内、「うん」が337回で最も多く、続いて「うん」の長音型「うんー」の90回、及び「うん」の重なり語形「うんうん」の31回となっている。そして4位は「うんうん」29回、5位は「あー」25回である。「うん系」の使用が圧倒的に多いことが明らかである。

次の表5-7は教師との会話に現れたあいづち詞を使用回数の多い順にまとめたものである。

表5-7　JJ会話の対教師場面に現れたあいづち詞の降順配列

番号	形式	回数	番号	形式	回数
1	はい	355	7	うんーー	32
2	そうですね	68	8	あそうなんですか	27
3	うんー	59	9	あーー	26
4	うん	49	10	あーそうなんですか	26
5	あ～～	42	11	あーはい	25
6	あー	37	12	へえー↗	22

第5章 あいづちの表現形式

続　表

番号	形式	回数	番号	形式	回数
13	へえーーー↓	21	46	うんーーー、はい	3
14	はーい	20	47	はいはいはいはい	2
15	えー↓	16	48	はい×6	2
16	そうですよね	15	49	は〜〜〜〜	2
17	あーーー	12	50	うんうんうんうんうん	2
18	はいはい	11	51	そうですねーーー	2
19	うんーーー	9	52	あ〜〜〜〜〜	2
20	うんうん	9	53	えーえー	2
21	うんうんうん	9	54	えーえーえー	2
22	あ〜〜〜	9	55	あそうですね	2
23	えー	9	56	あーそうですよね	2
24	へえ	9	57	うん、そうですね	2
25	ふーん↓	9	58	はい、そうですね	2
26	うんうんうんうん	8	59	そうですね、はい	2
27	あはい	8	60	はい×5	1
28	えーーー↓	7	61	そうそう	1
29	あーはいはい	6	62	そうなんですね	1
30	はあ	5	63	あーーーーー	1
31	そう	5	64	お〜〜	1
32	えーー	5	65	お〜〜〜〜	1
33	あーそうですね	5	66	いえいえ	1
34	はあ〜〜	4	67	わあーー	1
35	そうなんですか	4	68	ですね	1
36	えええええー	4	69	なるほど	1
37	ですよね	4	70	ほんとうに	1
38	あそうですか	4	71	あーそっかーー	1
39	あーなるほど	4	72	あそっかそっか	1
40	うん〜〜〜	3	73	あーーーはい	1
41	そうですか	3	74	あ、はい、そうですね	1
42	あ	3	75	あなるほど	1
43	あーー↓	3	76	あほんとうですか	1
44	すごい	3	77	あ〜すごい	1
45	あーそうですか	3	78	うん、はい	1

続 表

番号	形式	回数	番号	形式	回数
79	うんうん、はい	1	83	えーそうですね	1
80	はい、そうですよね	1	84	へえ〰そうなんですか	1
81	はーー、そうですね	1	85	へーすごいですね	1
82	はあ〜なるほど	1	合計		1 072

　全部で85種類のあいづち詞が現れ、使用総数は1072回である。上位5つのあいづち詞は「はい」「そうですね」「うんー」「うん」「あ〜〜」となっており、使用回数はそれぞれ355回、68回、59回、49回、42回である。教師との会話において、「はい」が最も多く使用されるあいづち詞であることが分かる。

　全てのあいづち詞を所属する系列に分け、友人との会話(「対JF」)と教師との会話(「対JT」)ごとに回数と比率を表にまとめると、次の表5-8と表5-9のようになる。

表5-8　JJ会話に現れたあいづち詞(対JF)

分類		総回数	平均回数	比率/%
単独型	は系	6	0.7	0.78
	うん系	508	56.4	65.72
	そ系	55	6.1	7.12
	あ系	57	6.3	7.37
	え系	50	5.6	6.47
	お系	3	0.3	0.39
	その他	52	5.8	6.73
	小計	731	81.2	94.58
複合型	あ+そ系	17	1.9	2.20
	あ+うん系	4	0.4	0.51
	あ+は系	1	0.1	0.13
	あ+その他	8	0.9	1.03
	うん+は系	1	0.1	0.13
	うん+そ系	3	0.3	0.39
	うん+その他	1	0.1	0.13
	は+そ系	1	0.1	0.13
	え+そ系	1	0.1	0.13
	え+その他	2	0.2	0.26
	その他	3	0.3	0.38
	小計	42	4.7	5.42
合計		773	85.9	100.00

第 5 章　あいづちの表現形式

表 5-9　JJ 会話に現れたあいづち詞(対 JT)

分類		総回数	平均回数	比率/%
単独型	は系	402	44.7	37.53
	うん系	180	20.0	16.79
	そ系	99	11.0	9.23
	あ系	135	15.0	12.59
	え系	97	10.8	9.08
	お系	2	0.2	0.18
	その他	21	2.3	1.93
	小計	936	104.0	87.33
複合型	あ＋そ系	71	7.9	6.63
	あ＋は系	41	4.6	3.86
	あ＋その他	7	0.8	0.68
	うん＋は系	5	0.6	0.42
	うん＋そ系	2	0.2	0.18
	は＋そ系	4	0.4	0.38
	は＋その他	1	0.1	0.08
	そ＋は系	2	0.2	0.18
	え＋そ系	2	0.2	0.18
	え＋その他	1	0.1	0.08
	小計	136	15.1	12.67
合計		1 072	119.1	100.00

　まず友人との会話で使用されたあいづち詞は平均 85.9 回現れ、その内、「単独型」が 81.2 回(94.58％)、「複合型」が 4.7 回(5.42％)である。一方、教師との会話では、平均 119.1 回現れ、その内、「単独型」が 104.0 回(87.33％)、「複合型」が 15.1 回(12.67％)である。対友人と対教師はいずれも単独型あいづち詞の方が圧倒的に多いため、次に単独型あいづち詞について詳しく見てみる。

　対友人場面と対教師場面の間に違いがあるかどうかを見るため、系列別に両者の平均値を t 検定で分析した。次の表 5-10 はその結果を表すものである。

表 5-10　JJ 会話に現れた単独型あいづち詞—対友人と対教師の比較

		n/人	平均回数	標準偏差	t 値	有意確率
は系	対 JF	9	0.7(0.87%)	0.71	−4.926	0.001**
	対 JT	9	44.7(42.98%)	26.66		
うん系	対 JF	9	56.4(69.46%)	35.96	3.403	0.009**
	対 JT	9	20.0(19.24%)	13.97		
そ系	対 JF	9	6.1(7.51%)	5.37	−3.067	0.015*
	対 JT	9	11.0(10.57%)	7.87		
あ系	対 JF	9	6.3(7.76%)	3.32	−2.414	0.042*
	対 JT	9	15.0(14.43%)	10.54		
え系	対 JF	9	5.6(6.89%)	4.16	−2.234	0.056
	対 JT	9	10.8(10.38%)	8.61		
お系	対 JF	9	0.3(0.37%)	0.50	0.555	0.594
	対 JT	9	0.2(0.19%)	0.44		
その他	対 JF	9	5.8(7.14%)	5.61	1.665	0.135
	対 JT	9	2.3(2.21%)	3.04		
合計	対 JF	9	81.2(100.00%)	47.54	−2.298	0.051
	対 JT	9	104.0(100.00%)	50.06		

　t 検定にかけたところ、「は系」と「うん系」において、対 JF と対 JT の平均値の差が統計的に有意であることが分かる[は系:$t(8)=-4.926$, $p<0.01$；うん系:$t(8)=3.403$, $p<0.01$]。友人が相手である場合、「うん系」の使用頻度は平均 56.4 回と最も多いのに対し、教師が相手である場合、「は系」は 44.7 回用いられ、最も多かった。小宮(1986:51)によると、「ハ系、エ系、ア系、ン系のあいづちは…この順に敬意が減り、親しみが増えるという一般的な傾向がある」という。つまり、日本語のあいづち詞に待遇性があり、「は系」は最も敬意が高く、「うん系」は最も敬意が低いと解釈できる。本調査では「は系」と「うん系」についてはそれを裏付ける結果を得た。要するに、親しい友人との会話においては改まり度が低いあいづち詞を使用し、対等に近い関係を示すことで親しさを感じさせるのに対して、目上の教師との会話ではあいづち詞の改まり度が高く、話し相手へ敬意を抱くがゆえに親しみ度が低くなっている。このことは、日本人は話し相手との上下関係や親疎関係などによってあいづち詞をうまく使い分けていることを示している。

　また、「そ系」と「あ系」に関しても対 JF と対 JT の間に有意差が見られた[そ系:$t(8)=-3.067$, $p<0.05$；あ系:$t(8)=-2.414$, $p<0.05$]。両方とも対 JT の方がより多く使われている。「そ系」と「あ系」に関して、具体的にどんなものが使用されているかをさらに詳しく考察するため、「対友人」と「対

第 5 章　あいづちの表現形式

教師」場面に現れた「あ系」と「そ系」のあいづち詞をまとめ、それぞれ表 5-11 と表 5-12 で示す。

表 5-11　JJ 会話に現れた「あ系」あいづち詞　　　単位：回

分類	対友人		対教師	
対応する形式			あ	4
	あー	25	あー	89
	あーー	12	あーー	35
	あーーー	2	あーーー	12
			あーーーーー	1
	あ～～	18	あ～～	52
			あ～～～	9
			あ～～～～	2
			あーー↗	3
計	57		207	

表 5-12　JJ 会話に現れた「そ系」あいづち詞　　　単位：回

分類	対友人		対教師	
対応する形式	そう	12	そう	5
	そうそう	5	そうそう	1
	そうそうそう	5		
	そうそうそうそう	2		
	そうね	1	そうですね	68
	そうだね	4	そうですねーーー	2
	そうだよね	4	そうですよね	15
	そうですよね	1		
	そうなんだ	6	そうなんですね	1
	そうなの	2	そうなんですか	4
	そっかー	11	そうですか	3
	そっかそっか	2		
計	55		99	

　「あ系」に関して、友人より教師に対してより多く使用されているが、表現形式の面から見ると、「あー」「あ～～～」など、全ては単純なもので、形式上では「対友人」と「対教師」の間にほとんど違いがなく、音の長さやイントネーションの違いのみである。これに対して、「そ系」に関しては、対友人と対教師の間には大きな違いが見られる。友人に対して「そう」の使用が 12 回と最も多く、その重複の語形「そうそう」などを含めて合計 24 回の使用とな

り、全体の55回の43.64％を占めている。一方、教師に対しては、「そう」が5回、「そうそう」が1回で、合わせて6回しか見られない。さらに、「そうそうそう」「そうそうそうそう」のような3回以上の繰り返し形は、目上の人に使うと失礼な感じがするもので、教師との会話場面では1回も観察されなかった。また、「そうですね」が教師に対して68回の使用が見られ、最も高い頻度で現れるのに対して、友人に対しては1回も使用されていない。以上のことから、日本語母語話者は友人に対して普通形、または繰り返し形を多用しているが、教師に対してほとんど丁寧形、または非繰り返し形のあいづち詞を使用していることが分かる。これは日本人の待遇性意識の表れだと思われる。

「は系」に続いて敬意の高い順で2番目にくる「え系」においては、「対友人」と「対教師」の間に有意差が見られなかった。しかし、表5-13で表しているように、「対友人」で用いられたのは、「えー↗」など山型イントネーションを伴っており、驚きの感情を表すもののみである。

表5-13　JJ会話に現れた「え系」あいづち詞　　　単位：回

分類	対友人		対教師			
形式	へえー↗	18	へえー↗	22	えーーー↗	7
	えー↗	12	へえーー↗	21	えーー	5
	へー↗	10	へー	16	えええええ	4
	えーー↗	8	へえ	9	えーえー	2
	へえーーー↗	2	えー	9	えーえーえー	2
計	50		97			

一方、「対教師」では、それ以外に「えー」「えーえー」など敬意の高いもの（網掛けで表示されている）が計22回使われている。「え系」は例5-2のように使用され、これも目上の教師に配慮をしながら発話を聞いている態度の表れであると思われる。

例5-2

❶ JT10：学部の学生たち、学生さんとは違って、
❷ JS10：えー＃
❸ JT10：修士の人たちは研究テーマみんな持ってて忙しいから、あんまりあのあれをや
❹ JS10：　　　　　　　　　　　　　　　　　　　　　　　　　　　　あ～～＃＃
　　JT10：れこれをやれっていうふうには言わないようにはしてるんですけど。
❺ JS10：　　　　　　　　　　　　　　　　　　　　　　　　あ、そう＃なんですか

第5章 あいづちの表現形式

対友人場面と対教師場面に現れた全てのあいづち詞を類型ごとにまとめると、次の表5-14のようになる。

表5-14 日本語母語会話に現れた全てのあいづち詞

類型	形式
は系	はい/はーい/はいはい/はいはいはいはい/はいはいはいはいはい/はいはいはいはいはいはい/はあ/はあはあはあ/はーー↗
うん系	うん/うんー/うんーー/うんーーーー/うんうん/うんうんうん/うんうんうんうん/うんうんうんうんうん/うんうんうんうんうんうん/うん〜〜〜
そ系	そう/そうそう/そうそうそう/そうそうそうそう/そうね/そうだね/そうだよね/そうなんだ/そうなの/そっかー/そっかそっか/そうですか/そうですね/そうですねーーー/そうですよね/そうなんですね/そうなんですか
あ系	あ/あー/あーー/あーーーー/あーーーーーー/あ〜〜/あ〜〜〜/あーー↗/あ〜〜〜〜
え系	えー/えーー/えーえー/えーえーえー/えええええー/えー↗/えーーーー↗/へえ/へえー↗/へえーーー↗
お系	おー/おーー↗/お〜〜/お〜〜〜〜
その他	ふん/ふんふん/ふーん↗/いえいえ/わあーー/うわー↗/やーー/ねー/だよね/すげー/すっげーな/ほんとう/ほんとに/ほんとうだね/ほんとうだよ/ですね/ですよね/なるほど/すごい
あ+そ系	あそう/あーそっか/あそっかそっか/あーそっかそっか/あ、そうなの/あーーそうだね/あ、そうなんだ/あそうですね/あーそうですね/あーそうですよね/あそうですか/あーそうですか/あそうなんですか/あーそうなんですか/あーそっかーー
あ+うん系	あ、うんうん/あ、うんうんうん
あ+は系	あはい/あーはい/あーーーはい/あーはいはい/あーはいはいはい
あ+その他	あ、うそ/あ、まじで/あなるほど/あーなるほど/あ〜すごい/あ〜〜ほんとうだね/ あほんとうですか/あーうん、そうだろうね/あらーあーーー↗/あ、はい、そうですね
うん+は系	うん、はい/うんはいはいはいはい/うんうん、はい/うんーー、はい
うん+そ系	うん、そうそう/うんそうだね/うん、そうですね
うん+その他	うんーー、たしかに
は+そ系	はーーそっかー/はい、そうですね/はい、そうですよね/はーー、そうですね
は+その他	はあ〜なるほど
そ+は系	そうですね、はい
え+そ系	えーそうですね/へーーそうなんだ/へえ↗そうなんですか
え+その他	えーすげー/へーすごいですね
その他	ふーん↗そっか/まあねえ/わかるわかる、うん

55

5.2.1.2　中国語母語会話に現れたあいづち詞

次に中国語母語会話ではどのようなあいづち詞が使われているかについて考察する。対友人場面と対教師場面で用いられた全てのあいづち詞を使用頻度の高い順に並べると、次の表5-15と表5-16になる。

友人との会話場面ではあいづち詞が67種類使用され、計560回出現した。教師との会話場面においては、79種類、616回現れている。使用頻度の高い上位5位のものを見てみると、対友人は「嗯」「嗯─」「哦─」「啊─」「对」であり、対教師は「嗯」「嗯─」「哦─」「对对对」「对」となっている。どちらも「嗯」と「嗯─」が多いことが一目瞭然である。

表 5-15　CC会話の対友人場面に現れたあいづち詞の降順配列

番号	形式	回数	番号	形式	回数	番号	形式	回数
1	嗯	162	19	哦哦	3	37	啊↗	1
2	嗯─	122	20	昂昂	3	38	昂昂昂	1
3	哦─	57	21	对对	3	39	对对对对	1
4	啊─	29	22	是	3	40	对对对对对对	1
5	对	19	23	是呀	3	41	对嘛	1
6	嗯嗯嗯	17	24	哎↗	3	42	是啊是啊	1
7	对对对	11	25	啊啊啊啊啊	2	43	是吧	1
8	嗯嗯	10	26	昂	2	44	呃─	1
9	啊～～	10	27	对呀	2	45	真的啊	1
10	对啊	10	28	是啊	2	46	知道知道	1
11	哦	8	29	啊是	2	47	不用不用不用	1
12	嗯嗯嗯嗯	6	30	嗯对对对对	2	48	不是不是不是	1
13	昂─［1］	6	31	嗯是	2	49	啊─对	1
14	哦是吗	6	32	嗯嗯嗯嗯嗯	1	50	啊─对对对对对	1
15	哦～～	5	33	哦哦哦	1	51	啊─是是	1
16	啊	5	34	哦─哦	1	52	啊─是是是	1
17	是吗	5	35	哦─哦哦	1	53	啊是吗	1
18	对对对对	4	36	哦─哦哦哦	1	54	啊～～是吗是吗	1

---

［1］ "昂"は中国語で「ang」と発音し、「うん」の意味を表す。

第 5 章　あいづちの表現形式

続　表

番号	形式	回数	番号	形式	回数	番号	形式	回数
55	哦是啊	1	60	嗯—对对	1	65	对对对对对、是是是	1
56	哦对	1	61	嗯是啊是啊	1	66	哇—哇—	1
57	哦—对啊	1	62	嗯是啊是啊是啊	1	67	哎呀、哦—	1
58	哦—对对、是是	1	63	嗯就是就是	1			
59	嗯—对	1	64	昂昂是啊	1	合計		560

表 5-16　CC会話の対教師場面に現れたあいづち詞の降順配列

番号	形式	回数	番号	形式	回数	番号	形式	回数
1	嗯	198	22	哦	3	43	嗯—嗯—	1
2	嗯—	108	23	昂—	3	44	哦哦哦哦	1
3	哦—	50	24	对对	3	45	啊啊	1
4	对对对	32	25	哇—	3	46	对呀	1
5	对	27	26	哦对对对	3	47	是是是是	1
6	啊—	23	27	嗯、是啊	3	48	是是是是是	1
7	嗯嗯嗯	12	28	昂—对	3	49	是的	1
8	哦～～	8	29	嗯嗯嗯嗯嗯	2	50	是的呀	1
9	哦哦	8	30	啊啊啊	2	51	是啊	1
10	对对对对对	7	31	昂	2	52	是啊是啊	1
11	嗯对	7	32	对对对对	2	53	呃—	1
12	嗯—对对对	7	33	是呀	2	54	真的吗	1
13	嗯嗯	6	34	是吗	2	55	原来如此	1
14	哦哦哦	6	35	是吧	2	56	不能	1
15	啊	6	36	哎↗	2	57	不是不是	1
16	对啊	6	37	啊—对对对	2	58	也不是	1
17	啊～～	4	38	啊—是是是	2	59	啊对对对对	1
18	是	4	39	啊是吗	2	60	啊对啊	1
19	是是是	4	40	哦—是这样的	2	61	啊—是啊	1
20	哦是吗	4	41	哦—对	2	62	啊～～是啊	1
21	嗯嗯嗯嗯	3	42	嗯—是	2	63	啊啊啊嗯嗯	1

57

続 表

番号	形式	回数	番号	形式	回数	番号	形式	回数
64	哦—是	1	70	哦—原来如此	1	76	对对、是是是	1
65	哦—是是是	1	71	嗯—对对	1	77	昂对	1
66	哦是啊	1	72	嗯、对对对对对	1	78	昂、对对对对对	1
67	哦—是这样	1	73	嗯是	1	79	哎没有没有	1
68	哦—是这样啊	1	74	对、是	1			
69	哦是这么回事儿	1	75	对、是是是	1	合計		616

類型ごとにまとめると、友人との会話に現れたあいづち詞が表 5-17、教師との会話に現れたあいづち詞が表 5-18 になる。

友人との会話ではあいづち詞が平均 56.0 回現れた。その内「単独型」が 52.9 回(94.46％)、「複合型」が 3.1 回(5.54％)である。一方、教師との会話に現れたあいづち詞は平均 61.6 回で、その内、単独型は 55.6 回(90.26％)、複合型は 6.0 回(9.74％)である。日本語母語会話と同じく、どちらにおいても単独型あいづち詞が圧倒的に多く使用されている。

表 5-17　CC 会話に現れたあいづち詞(対 CF)

	分類	回数	平均回数	比率/％
単独型	嗯系	318	31.8	56.78
	哦系	77	7.7	13.75
	啊系	47	4.7	8.39
	昂系	12	1.2	2.14
	对系	52	5.2	9.29
	是系	15	1.5	2.68
	その他	8	0.8	1.43
	小計	529	52.9	94.46
複合型	啊＋对系	2	2.0	0.37
	啊＋是系	6	0.6	1.08
	哦＋是系	7	0.7	1.25
	哦＋对系	3	0.3	0.53
	嗯＋对系	4	0.4	0.71
	嗯＋是系	4	0.4	0.71
	嗯＋その他	1	0.1	0.18
	その他	4	0.4	0.71
	小計	31	3.1	5.54
	合計	560	56.0	100.00

第 5 章　あいづちの表現形式

表 5-18　CC 会話に現れたあいづち詞(対 CT)

分類		回数	平均回数	比率/%
単独型	嗯系	330	33.0	53.57
	哦系	76	7.6	12.34
	啊系	36	3.6	5.84
	昂系	5	0.5	0.82
	対系	78	7.8	12.66
	是系	20	2.0	3.25
	その他	11	1.1	1.78
	小計	556	55.6	90.26
複合型	啊＋対系	4	0.4	0.65
	啊＋是系	6	0.6	0.97
	啊＋嗯	1	0.1	0.16
	哦＋是系	12	1.2	1.94
	哦＋対系	5	0.5	0.82
	哦＋その他	1	0.1	0.16
	嗯＋対系	16	1.6	2.60
	嗯＋是系	6	0.6	0.97
	対＋是系	3	0.3	0.49
	昂＋対系	5	0.5	0.82
	その他	1	0.1	0.16
	小計	60	6.0	9.74
合計		616	61.6	100.00

次に対 CF と対 CT 両グループに使われた単独型あいづち詞について分析する。t 検定で行った結果は表 5-19 のとおりである。

表 5-19 から分かるように、総数及び 7 類型の単独型あいづち詞においては、両グループの間に有意差は一つも観察されなかった。すなわち、中国人は友人に対しても教師に対してもほとんど同じ種類のあいづち詞を使用しており、各種類のあいづち詞の使用頻度には差が見られない。本調査のこのような結果によって、中国語のあいづち詞には待遇性がないということが明らかになった。

「嗯系」の使用頻度は、対友人場面では 31.8 回(60.11％)、対教師場面では 33.0 回(59.35％)で、どちらも高い割合を占めており、あいづち詞の中で最も多く使われる形式であることが分かる。使用頻度に関しては両者の間に有

意差がないことが明らかになった。

表5-19　CC会話に現れた単独型あいづち詞—対友人と対教師の比較

		n/人	平均回数	標準偏差	t値	有意確率
嗯系	対CF	10	31.8（60.11％）	31.05	−0.238	0.817
	対CT	10	33.0（59.35％）	21.68		
哦系	対CF	10	7.7（14.56％）	5.62	0.068	0.947
	対CT	10	7.6（13.67％）	7.95		
啊系	対CF	10	4.7（8.88％）	4.85	0.885	0.399
	対CT	10	3.6（6.47％）	3.84		
昂系	対CF	10	1.2（2.27％）	1.69	1.413	0.191
	対CT	10	0.5（0.90％）	0.71		
対系	対CF	10	5.2（9.82％）	4.44	−1.155	0.278
	対CT	10	7.8（14.02％）	8.74		
是系	対CF	10	1.5（2.84％）	1.43	−0.565	0.586
	対CT	10	2.0（3.60％）	2.40		
その他	対CF	10	0.8（1.52％）	1.32	−0.758	0.468
	対CT	10	1.1（1.99％）	1.85		
合計	対CF	10	52.9（100.00％）	33.38	−0.361	0.727
	対CT	10	55.6（100.00％）	21.28		

一方、「嗯系」の具体的な形式に関して、対友人と対教師の間に差があるかどうかを見るため、両場面で使用された各形式のもの、及びその回数をまとめ、表5-20で示す。

表5-20　CC会話に現れた「嗯系」あいづち詞　　　　単位：回

	対友人		対教師	
形式	嗯	162	嗯	198
	嗯—	122	嗯—	108
	嗯嗯嗯	17	嗯嗯嗯	12
	嗯嗯	10	嗯嗯	6
	嗯嗯嗯嗯	6	嗯嗯嗯嗯	3
	嗯嗯嗯嗯嗯	1	嗯嗯嗯嗯嗯	2
			嗯—嗯—	1
計		318		330

「嗯系」は「嗯」と「嗯」の繰り返し語形「嗯嗯嗯」などから成っており、「対友

第5章 あいづちの表現形式

人」と「対教師」のどちらにおいても頻繁に使用されていることが分かる。前述したように、日本語母語会話では友人には「うんうんうん」、教師には「えーえーえー」が多く用いられるが、そのようなことは中国語母語会話には見られなかった。水野(1988)が指摘しているように、日本語の「うん」が待遇的な意味を含み、話し手との関係によって使用が制限されるのに対し、中国語の「嗯」の場合はそのような制限はない。今回の調査においてそれを裏付ける実証的な結果となった。

対友人と対教師全ての中国語母語会話に現れたあいづち詞を類型ごとに一つの表にまとめると表5-21のようになる。

表5-21 中国語母語会話に現れた全てのあいづち詞

類　型	形　式
嗯系	嗯/嗯—/嗯—嗯—/嗯嗯/嗯嗯嗯/嗯嗯嗯嗯/嗯嗯嗯嗯嗯
哦系	哦/哦—/哦〜〜/哦—哦/哦—哦哦/哦—哦哦哦/哦哦/哦哦哦/哦哦哦哦
啊系	啊/啊—/啊啊/啊啊啊/啊啊啊啊啊/啊〜〜/啊↗
昂系	昂/昂—/昂昂/昂昂昂
対系	対/対対/対対対/対対対対/対対対対対/対対対対対対/対呀/対啊/対嘛
是系	是/是是/是是是/是是是是/是是是是是/是的/是呀/是的呀/是吗/是啊/是啊是啊/是吧
その他	哇—/呃—/哎↗/真的啊/真的吗/原来如此/知道知道/不能/不是不是/不是不是不是/也不是/不用不用不用
啊＋対系	啊—対/啊—対対対/啊対対対対/啊—対対対対対/啊対啊
啊＋是系	啊是/啊—是是/啊—是是是/啊是吗/啊〜〜是吗是吗/啊〜〜是吭
啊＋嗯	啊啊啊嗯嗯
哦＋是系	哦—是/哦—是是是/哦是吗/哦是啊/哦—是这样/哦—是这样啊/哦—是这样的/哦是这么回事儿
哦＋対系	哦対/哦対対対/哦—対/哦—対啊/哦—対対、是是
哦＋その他	哦—原来如此
嗯＋対系	嗯対/嗯対対対対/嗯—対/嗯—対対/嗯—対対対/嗯、対対対対対
嗯＋是系	嗯是/嗯—是/嗯是啊是啊/嗯是啊是啊是啊是啊/嗯、是啊
嗯＋その他	嗯就是就是
対＋是系	対、是/対、是是是/対対、是是/対対対対、是是是
昂＋是	昂昂是是
昂＋対系	昂対/昂—対/昂、対対対対対
その他	哇—哎呀、哦—/哎没有没有

表5-21から中国語母語会話で用いられたあいづち詞は、「嗯嗯嗯」「対対対」など繰り返し形が多いという印象がある。この仮説を検証するため、中国語母語会話と日本語母語会話で使用された全ての繰り返し形のあいづち詞を抜き出し、まとめたものが表5-22である。

表5-22　繰り返し形あいづち詞の中日比較

多い順	中国語母語会話		日本語母語会話	
	形態	回数	形態	回数
1	対	87	うん	106
2	嗯	58	はい	24
3	哦	21	そう	14
4	その他	15	えー	8
5	是	13	そうか	5
6	啊	6	その他	4
合計		200		161
あいづち詞総数		1176		1845
総数に占める割合		17.00％		8.72％

中国語母語会話に現れた繰り返し形のあいづち詞は200回で、あいづち詞全体の17.00％を占めている。「対」の繰り返し形「対対対」などが最も多く現れている。一方、日本語母語会話に繰り返し形のあいづち詞が161回現れ、全体の8.72％を占めている。その内、「うん」を繰り返して「うんうんうん」などのものが最も多く使用されている。中国語と日本語を比較してみると、繰り返し形の回数及び全体に占める割合は、いずれも中国語の方が多い。したがって、中国人は母語で話す際、繰り返し形のあいづち詞を好んで使う傾向があることが明らかになった。次に、実際に使用された例を一つ見てみよう。

例5-3

❶ CF4：他那时间,他说:"最后大伙儿有什么问题吗?"什么什么的。后来那个,有问题的,他说"啊随便儿问",他跟我们说。一看大伙儿坐在那儿,我举手。我这会儿就得积极一点儿(笑)。我说:"我有一个问题。"他说:"你说吧。"我说就说啊,"你看就说昨天我看了你那个,那个,网上那个……"

❷ CS4：　　　　　嗯嗯嗯♯♯♯

❸ CS4：嗯嗯嗯♯♯♯

❹ CF4：这介绍就是说,制服,就是用过的制服呢,可以再利用。

第5章　あいづちの表現形式

❺ CS4：嗯嗯嗯嗯嗯—＃＃＃＃
❻ CF4：　　还有那个,他那个塑料瓶儿呢哈,再利用,利用塑料纤维可以做衣服。我说我
❼ CS4：　　　　　　　　　　　　　　　　　　　　嗯对对对对对＃＃＃
　　CF4：这个好像还是挺,我觉得那个一感/挺感兴趣。
❽ CS4：嗯嗯嗯—＃＃＃
❾ CF4：您能不能再给详细地,再就是讲解一下儿,到底是个怎么个,这个操作方式啊。
❿ CS4：　　　　　　　　　　　　　　　　　　　　嗯嗯嗯嗯—＃＃＃＃
⓫ CS4：哦,那挺好的啊。

＜例5-3 の日本語訳＞

❶ CF4：その人は「最後ですが、みなさんからの質問がございませんか」とか聞いて、「質問のある方は何でもどうぞお聞きください」って言って、私たちに。誰も手を挙げなかったから、私は手を挙げた。このときこそ積極的に発言しなきゃって思って(笑)。「私は質問があります」って私が言って、「はいどうぞ」って言われた。「昨日貴社の、あのー、あのー、ホームページを見て、あのー、
❷ CS4：　　　　　　　　　　　うんうんうん＃＃
❸ CS4：うんうんうん＃＃＃
❹ CF4：会社説明のところに、制服、古い制服がリサイクルできるということが書いてありました。
❺ CS4：うんうんうんうんうんー＃＃＃＃＃
❻ CF4：　　　それから、ペットボトルもリサイクルして、そのプラスチック繊維を利
❼ CS4：　　　　　　　　　　　　　　　　　うんそうそうそうそうそう
　　＃＃＃
　　CF4：用して服を作ることができるそうですが、このことについて大変、持って/興味を持っていますので、
❽ CS4：うんうんうんー＃＃＃
❾ CF4：いったいどういう、その操作方式について、もっと詳しく説明していただけませんか。
❿ CS4：　　　　うんうんうんうんー＃＃＃＃
⓫ CS4：お、それいいじゃない。

　例5-3のように、中国人は相手の話す内容について共感したり、同意したりする時に、「嗯嗯嗯」「对对对对对」などを使うことが多い。このような繰り返し形のものは、待遇性がなく、どちらかというと、よりポジティブな表現だと思われ、どんな相手に対しても使える。一方、日本語の繰り返し形はネガティブな面があり、例えば、「はいはい」と2回繰り返されると、「もうそ

の話は分かったから言うな、もう私は聞きたくない」というようなマイナスの印象を受けている、また、話し手からの提案する内容に対して「そうそう」で済まされてしまうと、新鮮味がなかったようで提案した者としては、がっかりしてしまうなど、使う時に気をつけなければならない。

5.2.1.3　学習者の日本語接触場面会話に現れたあいづち詞

続いて、接触場面会話において、学習者はどのようなあいづち詞を使用しているのかについて考察する。全てのあいづち詞を使用頻度の高い順で並べたものを、対友人場面は表 5-23、対教師場面は表 5-24 に示す。

表 5-23　CJ 会話の対友人場面に現れたあいづち詞の降順配列

番号	形式	回数	番号	形式	回数
1	うん	245	23	はい	4
2	うんー	46	24	はいはい	4
3	あー	29	25	そう	4
4	あーー	22	26	そうそうそうそうそう	4
5	へえー↗	21	27	え↗	4
6	うんうん	20	28	すごいね	4
7	うんうんうん	20	29	うんうんうんうんうん	3
8	あ～～	11	30	あああ	3
9	そうそうそう	9	31	あ～～～～～	3
10	なるほど	8	32	えー↗	3
11	あそう	8	33	そうそうそうそう	2
12	あーそう	8	34	そうね	2
13	おーー	7	35	そうなんだ	2
14	ふーん↗	7	36	そうですよね	2
15	そうだよね	6	37	あ	2
16	へー↗	6	38	すごい	2
17	いいね	6	39	なるほどね	2
18	あーそうそうそう	6	40	あそうだね	2
19	うんうんうんうん	5	41	あーそっかそっかそっか	2
20	そうだね	5	42	うん、そうだね	2
21	えーー	5	43	うんそうそうそう	2
22	あ、そうなんだ	5	44	うんーーーーー	1

第 5 章 あいづちの表現形式

続 表

番号	形式	回数	番号	形式	回数
45	そうそう	1	57	あーそうなの	1
46	そう×7	1	58	あーそうか	1
47	そう×9	1	59	あーーうん	1
48	そうですね	1	60	うんはい	1
49	えーー	1	61	うん、はいはいはい	1
50	お〜〜	1	62	うんそうそうそうそう	1
51	お〜〜！	1	63	うん、わかる	1
52	ふんふんふんふんふん	1	64	えーーすごい	1
53	やー	1	65	わかるわかる	1
54	すごいですね	1	66	わかるわかるわかる	1
55	ほんとう	1	合計		586
56	あーそうそうそうそうそう	1			

表 5-24 CJ 会話の対教師場面に現れたあいづち詞の降順配列

番号	形式	回数	番号	形式	回数
1	はい	278	21	はいはいはい	6
2	うん	178	22	あそうですね	6
3	うんー	58	23	うん、はい	6
4	そうですね	55	24	あーそうですか	5
5	あー	31	25	うん、そうですね	5
6	はいはい	26	26	あそうですよね	4
7	あそうですか	24	27	あーそう	4
8	あーー	20	28	そうそうそうそう	3
9	えー↗	18	29	そうですか	3
10	そうそうそう	11	30	そうです	3
11	あそうなんですか	11	31	えー	3
12	あ〜〜	9	32	あーそうそうそう	3
13	ふーん↗	9	33	あはい	3
14	うんうん	8	34	あーはいはいはい	3
15	うんうんうん	8	35	はーい	2
16	そう	8	36	はい、はい	2
17	そうですよね	8	37	そうそう	2
18	あーそうですね	8	38	そうなんですか	2
19	へー	7	39	お〜〜	2
20	へえー↗	7	40	いえ	2

65

続 表

番号	形式	回数	番号	形式	回数
41	わあー	2	60	いえいえ	1
42	あーそうですよね	2	61	やー	1
43	あそう	2	62	あーそうそう	1
44	あーそうか	2	63	あーうん	1
45	あーはい	2	64	あーうんうん	1
46	あはいはい	2	65	あ、なるほど	1
47	うん、そうそうそう	2	66	あーそう、なるほど	1
48	はい、そうです	2	67	あーいいえ	1
49	そうですね、うん	2	68	うんそうー	1
50	はいはいはいはい	1	69	うん、そうそう	1
51	うんうんうんうん	1	70	うん、うん、そう	1
52	うんうんうんうんうん	1	71	うんうん、そうね	1
53	そうそうそうそうそう	1	72	はい、そうですね	1
54	そうだよね	1	73	はいはいはいはい、そうそうそう	1
55	そうです、そうです	1			
56	あ	1	74	えーそうです	1
57	えええー	1	75	おーはいはい	1
58	おー♪	1	76	おーそうですか、おー	1
59	ねー	1	合計		896

使用頻度の上位5位のものは、対友人場面では「うん」「うんー」「あー」「あーー」「へえー♪」であり、対教師場面では「はい」「うん」「うんー」「そうですね」「あー」となっている。

次の表5-25と表5-26はそれぞれ学習者が対JFと対JTの会話で使用したあいづち詞の内訳を示したものである。

表5-25　CJ会話に現れたあいづち詞(対JF)

分類		回数	平均回数	比率/%
単独型	は系	8	0.8	1.37
	うん系	340	34.0	58.02
	そ系	40	4.0	6.83
	あ系	70	7.0	11.95
	え系	40	4.0	6.83
	お系	9	0.9	1.53
	その他	33	3.3	5.63
	小計	540	54.0	92.16

第5章 あいづちの表現形式

続 表

	分類	回数	平均回数	比率/%
複合型	あ＋そ系	34	3.4	5.80
	あ＋うん系	1	0.1	0.17
	うん＋は系	2	0.2	0.34
	うん＋そ系	5	0.5	0.85
	うん＋その他	1	0.1	0.17
	え＋その他	1	0.1	0.17
	その他	2	0.2	0.34
	小計	46	4.6	7.84
合計		586	58.6	100.00

表5-26　CJ会話に現れたあいづち詞(対JT)

	分類	回数	平均回数	比率/%
単独型	は系	315	31.5	35.16
	うん系	254	25.4	28.35
	そ系	98	9.8	10.94
	あ系	61	6.1	6.81
	え系	36	3.6	4.02
	お系	3	0.3	0.33
	その他	16	1.6	1.79
	小計	783	78.3	87.40
複合型	あ＋そ系	72	7.2	8.04
	あ＋うん系	2	0.2	0.22
	あ＋は系	10	1.0	1.11
	あ＋その他	3	0.3	0.33
	うん＋は系	6	0.6	0.67
	うん＋そ系	11	1.1	1.23
	は＋そ系	4	0.4	0.45
	え＋そ系	1	0.1	0.11
	そ＋うん系	2	0.2	0.22
	お＋は系	1	0.1	0.11
	お＋そ系	1	0.1	0.11
	小計	113	11.3	12.60
合計		896	89.6	100.00

相手が友人である場合、あいづち詞が平均58.6回使用されている。その内、単独型は54.0回(92.16％)であり、複合型はわずか4.6回(7.84％)しか現れていない。一方、相手が教師である場合、あいづち詞が89.6回使用され、その内単独型は78.3回(87.40％)、複合型は11.3回(12.60％)である。JJ、CC場面と同様に、どちらも単独型あいづち詞が圧倒的に用いられている。次に、単独型あいづち詞を取り上げ、より詳しく考察する。

表5-27は対JFと対JTの平均値を t 検定で比較した結果を表すものである。7つの項目のうち、「は系」と「そ系」に関しては両者の間に有意差が見られた(それぞれ$t(9)=-3.323$, $p<0.01$; $t(9)=-3.190$, $p<0.05$)。いずれも対JFより対JTの方が使用頻度が高い。「は系」は教師との会話場面で最も頻繁に使用されていることが表5-27から分かる。前述したように、「は系」は最も敬意の高いあいづち詞であり、初対面の目上の教師に対して多く使うのがふさわしいと思われる。表5-27を表5-10と比較してみると、教師に対して「は系」と「そ系」をより多く用いていることは学習者と日本語母語話者は共通している。しかし、「あ系」において、日本語母語話者は対友人(6.3回)より対教師(15.0回)の方がより多く使っているが、学習者の使用結果では対友人(7.0回)と対教師(6.1回)の間には差が現れていない。したがって、中国人学習者は日本語母語話者と異なり、目上の相手に対して「あ系」あいづち詞を多く使用する傾向はないことが分かる。

表5-27　CJ会話に現れた単独型あいづち詞—対友人と対教師の比較

		n/人	平均回数	標準偏差	t値	有意確率
は系	対JF	10	0.8(1.48％)	2.20	-3.323	0.009**
	対JT	10	31.5(40.23％)	29.51		
うん系	対JF	10	34.0(62.96％)	18.96	1.428	0.187
	対JT	10	25.4(32.44％)	25.38		
そ系	対JF	10	4.0(7.41％)	2.94	-3.190	0.011*
	対JT	10	9.8(12.52％)	7.57		
あ系	対JF	10	7.0(12.96％)	5.89	0.397	0.701
	対JT	10	6.1(7.79％)	5.59		
え系	対JF	10	4.0(7.41％)	7.96	0.629	0.545
	対JT	10	3.6(4.60％)	8.26		
お系	対JF	10	0.9(1.67％)	0.99	1.500	0.168
	対JT	10	0.3(0.38％)	0.67		
その他	対JF	10	3.3(6.11％)	5.87	0.808	0.440
	対JT	10	1.6(2.04％)	3.03		

第5章　あいづちの表現形式

続 表

		n/人	平均回数	標準偏差	t値	有意確率
合計	対JF	10	54.0(100.00％)	18.49	−1.980	0.079
	対JT	10	78.3(100.00％)	39.44		

　また、日本語母語話者と差異が見られたのは「うん系」である。日本語母語話者は友人に対して最も敬意の低い「うん系」を多く使い、教師に対して使用頻度が少ないのに対して、学習者は友人に対しても(34.0回)教師に対しても(25.4回)ほとんど同じ頻度で「うん系」を使用している。例5-4のように、学習者は教師に対して「うん系」を過剰に使用していることが明らかである。

例5-4
❶ JT3：あー分かります。それはそうでしょうね。例えばたぶん、あのー英語の、あのー
❷ CS3：　　　　　　　　　　うん♯
❸ CS3：　　　　　　　　　　　　　　　　　　うん♯
　　JT3：どうでしょうね。
❹ JT3：英語の映画っていうんですか、アメリカの映画を、例えば日本語に訳そうと思ったときに、
❺ CS3：　　　　　　　　　　　　　うん♯
❻ CS3：うん♯。そうですね。
❼ JT3：　　　　　　　　　　ちょっと難しいですよね。
❽ CS3：　　　　　　　　　　　　　　　うん、そして小説の、例えば小説の感じとか、…

　教師の話を聞いている途中で「うん」「うんうん」などとうっかり言ってしまうと、相手に違和感を与え、失礼になる言語行動だと思われる。水野(1988)が指摘しているように、日本語の「うん」は中国語の「嗯」とよく似ている。しかし、日本語の「うん」と違い、中国語の「嗯」に待遇性がなく使い分ける必要はないことが前節で明らかになった。したがって、母語の影響で中国人日本語学習者は、日本語で会話をしている場合でも、相手に関係なく「うん系」を多用してしまう結果になったと考えられる。
　一方、「はいはいはい」などの繰り返し形は、一見丁寧な形をしているが、使いすぎると、「もう分かったからやめてください」「もう聞きたくない」などマイナスの印象を与える恐れがある。本調査において、学習者にはこのような繰り返し形のものを多用していることが見られた。次の例を見てみよう。

例 5-5

❶ JT7：一年生向けには、あのー概説をしてます。
❷ CS7：あー
❸ JT7：もうあのー、作品を読むんじゃなくて、
❹ CS7：はいはい
❺ JT7：こういう作家がいて、
❻ CS7：はいはい
❼ JT7：こういう内容でっていう、
❽ CS7：はいはいはい

　例 5-5では、日本人の教師 JT7が授業内容について説明しているところで、学習者 CS7は4と6で「はいはい」、8で「はいはいはい」とあいづちを打っている。このように重複形のあいづちを使用しすぎると、どうも「もう分かった、言わなくていい」「もう興味がないから次へ」という合図になり、相手に発話を終了させる意味があると捉えられがちである。失礼に当たることもあり、特に目上の人には使ってはいけない表現形式なのではないかと考えられる。前述したように、中国人は母語で会話する際繰り返し形のあいづち詞を好んで使用する傾向がある。例 5-5のように、中国人学習者は目上の相手との接触場面会話においても「あいづち詞の繰り返し」を頻繁に用いることがあり、それは母語からの影響なのではないかと考えられる。相手に不快感を与えないように、重複形のあいづち詞を過剰に使用しないよう学習者に注意した方がいいだろう。

　以上のことから、学習者は「は系」と「そ系」の使用という点で日本人に近づいているが、上下関係があるかないかによってあいづち詞を使い分けるということにおいてはまだ十分な運用に至っておらず、聞き手として失礼でないように相手への敬意を示しながら聞くという姿勢は日本人ほど顕著ではないことが分かる。

　接触場面会話において学習者に使用された全てのあいづち詞をまとめると、表 5-28のようになる。

表 5-28　接触場面会話に現れた全てのあいづち詞

類　型	形　式
は系	はい/はーい/はいはい/はい、はい/はいはいはい/はいはいはいはい はいはいはいはいはい/はあ/はあはあはあ/はーー↗

第 5 章　あいづちの表現形式

続　表

類　型	形　式
うん系	うん/うんー/うんうん/うんうんうん/うんうんうんうん/うんうんうんうんうんうんうんうん/うんうんうんうんうんうん/うん〜〜〜
そ系	そう/そうそう/そうそうそう/そうそうそうそう/そう×5/そう×7/そう×9/そうね/そうだね/そうだよね/そうなんだ/そうですか/そうですね/そうですよね/そうなんですか/そうです/そうです、そうです
あ系	あ/あー/あーー/あ〜〜/あああ/あ〜〜〜〜〜/あ〜〜〜〜〜↗
え系	えー/えーー/えええー/え↗/えー↬/えーー↬/へー/へーー/へえー↬/へえ/へえー↗/へえーーー↗
お系	おーー/お〜〜/お〜〜！/おー↬/お〜〜
その他	ふーん↬/ふんふんふんふんふん/いえ/いえいえ/わあーー/やー/ねー/すごい/すごいね/すごいですね/なるほど/なるほどね/ほんとう/いいね
あ＋そ系	あそう/あーそう/あーそうそう/あーそうそうそう/あーそうそうそうそうそう/あーそっか/あそっかそっかそっか/あ、そうなの/あ、そうなんだ/あそうだね/あそうですね/あーそうですね/あそうですよね/あーそうですよね/あそうですか/あーそうですか/あそうなんですか
あ＋うん系	あーうん/あーーうん/あーうんうん
あ＋は系	あはい/あーはい/あはいはい/あーはいはいはい あ、はい、そうですね
あ＋その他	あ、なるほど/あーそう、なるほど/あーいいえ あほんとうですか/あーうん、そうだろうね/あらーあーーー↗
うん＋は系	うん、はい/うんはいはいはい
うん＋そ系	うんそうー/うん、そうそう/うん、そうそうそう/うんそうそうそうそう/うん、うん、そう/うんうん、そうね/うん、そうだね/うん、そうですね
うん＋その他	うん、わかる
は＋そ系	はい、そうです/はい、そうですね/はいはいはいはい、そうそうそう
え＋そ系	えーそうです/えーーすごい
そ＋うん系	そうですね、うん
お＋は系	おーはいはい
お＋そ系	おーそうですか、おー
その他	わかるわかる/わかるわかるわかる

5.2.2　丁寧度の観点からの分析

　本節においては、あいづち詞を丁寧度のレベル及びイントネーションなどによって総合的に判断し、「丁寧系」「中立系」「非丁寧系」の3種類に分けて

考察することにする。友人との会話場面及び教師との会話場面では、日本語母語話者と中国人学習者はそれぞれどのようなものを使用しているか、そして両者の間に相違があるかということを明らかにすることが目的である。分類方法に関して、以下のとおりである。

【丁寧系】はい、えー、そうですね、あーそうですか、など、一般的に目上の人に使うもの。いわゆる丁寧形のもの。

【中立系】あー、へえー↗、なるほど、ふーん↗、など、はっきりと丁寧か非丁寧かと判断するのに難しいもの。また、目上の人にも目上の人にも使えるもの。

【非丁寧系】うん、そうそう、あーそうか、うんそうだね、など、一般的に目下や同等の人に使うもの。

5.2.2.1　友人との会話

まず、友人同士の会話に現れたあいづち詞について考察する。類型別でまとめた結果は表5-29のとおりである。図5-5は表5-29の割合値に基づいて作成したものである。

友人との会話において、表5-29と図5-5を見ると、「丁寧系」の使用率は、JJでは0.26％であったのに対して、CJでは2.39％である。CJはJJより多用していることが分かる。親しい者同士のペアであるため、丁寧なものはあまり現れないと思われたが、実際にどちらにおいても使用が見られた。個人別のデータを見ると、JJにおいて「丁寧系」を使用したのはJS7のみであった（例5-6参照。以下、あいづちは網掛けで、例に当てはまるものは囲み線を引いて示す）。

表5-29　友人との会話に現れたあいづち詞の内訳　　　単位：回

被験者	JJ会話				被験者	CJ会話			
	丁寧系	中立系	非丁寧系	合計		丁寧系	中立系	非丁寧系	合計
JS1	0(00.00％)	16(17.78％)	74(84.22％)	90	CS1	0(0.00％)	16(17.78％)	78(82.22％)	90
JS2	0(00.00％)	20(17.86％)	92(82.14％)	112	CS2	0(0.00％)	5(6.67％)	25(83.33％)	30
JS3	0(00.00％)	26(17.11％)	126(82.89％)	152	CS3	3(4.05％)	22(29.73％)	49(66.22％)	74
JS4	0(00.00％)	10(22.22％)	35(77.78％)	45	CS4	1(1.23％)	18(22.22％)	62(76.55％)	81
JS5	0(00.00％)	26(18.44％)	115(81.56％)	141	CS5	0(0.00％)	2(3.70％)	52(96.30％)	54
JS6	0(00.00％)	18(14.63％)	105(85.37％)	123	CS6	0(0.00％)	35(70.00％)	15(30.00％)	50
JS7	2(6.67％)	13(43.33％)	15(50.00％)	30	CS7	7(10.60％)	13(19.70％)	46(69.70％)	66

第 5 章 あいづちの表現形式

続 表

被験者	JJ 会話				被験者	CJ 会話			
	丁寧系	中立系	非丁寧系	合計		丁寧系	中立系	非丁寧系	合計
JS8	0(00.00%)	3(13.04%)	20(87.96%)	23	CS8	0(0.00%)	1(1.75%)	58(98.25%)	57
JS9	0(00.00%)	7(12.28%)	50(87.72%)	57	CS9	1(4.17%)	8(33.33%)	15(62.50%)	24
	—	—	—		CS10	2(3.33%)	17(28.33%)	41(68.34%)	60
合計	2	139	632		合計	14	137	435	
平均	0.2	15.4	70.2		平均	1.4	13.7	43.5	
割合	0.26%	17.98%	81.76%		割合	2.39%	23.38%	74.23%	

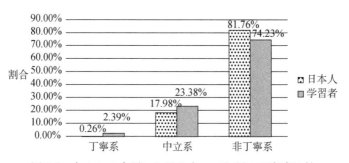

図 5-5　友人との会話におけるあいづち詞の丁寧度比較

例 5-6

❶ JF7：なかなか、やっぱりそこはさ、日本文化が、関わっててさ、
❷ JS7：うんー
❸ JF7：特にね年配の人とかが多い。ま、教育機関なんて基本的にはお役所なわけじゃん。
❹ JS7：　　　　　　　　　　　うん#
❺ JS7：　　　　　　　　　　　　　うん##
❻ JS7：そう｜#｜ですよね。うんー。
❼ JF7：　　　　　　　うん。そうすると難しいんだよね。
❽ JS7：うんー。あ、そっか、自分、これ、敬語でしゃべっちゃだめなんです/だめなんだよね。
❾ JF7：だめなんだよ、多分 (笑)。

JS7にフォローアップ・インタビューを行った際に、「普段友人と会話をする時も、本調査の会話時に使用していた『そうですよね』や『はーはーはー』を使うか」という質問を聞いたところ、「友達には普通使わない。JF7と友達

関係だけど、歳が2つ上だから使ってしまった。それに、調査を意識しているのもある」とのことである。

一方、CJでは10人の内5人も丁寧系のものを使用していることが分かる（表5-29に網掛けで示した）。「はい」「はいはい」「そうですね」「そうですよね」「えーー」「すごいですね」「うんはい」の7種類で、計14回である。以下に学習者の使用例を2つ挙げる。

例5-7
❶ CS3：私日本語以外何もできないから(笑)。
❷ JF3：んーーー、でもまあ、日本語がある程度しゃべれるといいね。
❸ CS3：えーー
❹ JF3：いいと思うよ。
❺ CS3：♯
❻ JF3：うん

例5-8
❶ JF10：なんかあるらしいよやっぱり。なんかみきわめるそのー、これは今日は儲かる台っていうか、
❷ CS10：　　　　　　　　　　　　　　　　　　　　　そうそうそう
❸ CS10：うん
❹ JF10：かなわないっていうか、
❺ CS10：すごい。
❻ JF10：うんあるらしいよ。
❼ CS10：なるほど
❽ JF10：うん。
❾ CS10：あのーやっぱりこういうベテランがいるんですよね。
❿ JF10：いるね(笑)。でもだいたいやっぱ、なんだろ、全体で見たらマイナスじゃない↗負ける方が多いと思うけどね。
⓫ CS10：そうだよね、そうだよね。そうしないとつぶれるよね。
⓬ JF10：うん。一応そういうふうになってると思う。
⓭ CS10：うん♯
⓮ JF10：ちゃんと。
⓯ CS10：そうですね

例5-7、例5-8のように、CJ会話において学習者は「非丁寧系」と「中立系」

第5章 あいづちの表現形式

の他に不適切だと思われる「丁寧系」が混在している例が多かった。しかし、JJにおいて、JS7を除いてこのような例が全くなく、「非丁寧系」と「中立系」の使用で統一されている。

よって、日本語母語話者と比べて、学習者は友人同士の会話では丁寧なあいづち詞を混ぜて使用しており、スピーチレベルが一定していない傾向があると思われる。

5.2.2.2 教師との会話

次に相手が教師である場合の結果について詳しく観察していく。表5-30はJJ会話とCJ会話に出現した「丁寧系」「中立系」「非丁寧系」の回数を示したものである。そして三つの系統が全体に占める割合を図にすると図5-6のようになる。

表5-30 教師との会話に現れたあいづち詞の内訳　　単位:回

	JJ会話					CJ会話			
被験者	丁寧系	中立系	非丁寧系	合計	被験者	丁寧系	中立系	非丁寧系	合計
JS1	50(73.54%)	9(12.23%)	9(13.23%)	68	CS1	30(23.81%)	18(14.29%)	78(61.90%)	126
JS2	94(60.26%)	27(17.30%)	35(22.44%)	156	CS2	22(35.49%)	4(6.45%)	36(58.06%)	62
JS3	89(55.63%)	35(21.87%)	36(22.50%)	160	CS3	23(18.40%)	13(10.40%)	89(71.20%)	125
JS4	26(37.14%)	13(18.57%)	31(44.2%)	70	CS4	44(78.57%)	3(5.36%)	9(16.07%)	56
JS5	115(50.88%)	73(32.30%)	38(16.82%)	226	CS5	64(67.37%)	3(3.16%)	28(29.47%)	95
JS6	75(64.10%)	25(21.38%)	17(14.52%)	117	CS6	128(72.32%)	48(27.12%)	1(0.56%)	177
JS7	46(63.89%)	5(6.94%)	21(29.17%)	72	CS7	83(90.22%)	8(8.70%)	1(1.08%)	92
JS8	84(78.50%)	19(17.76%)	4(3.74%)	107	CS8	1(3.7%)	0(0.00%)	26(96.30%)	27
JS9	69(71.88%)	26(27.08%)	1(1.04%)	96	CS9	38(66.67%)	10(17.54%)	9(15.89%)	57
	—	—	—		CS10	51(64.56%)	2(2.53%)	26(32.91%)	79
合計	648	232	192		合計	484	109	303	
平均	72.0	25.8	21.3		平均	48.4	10.9	30.3	
割合	60.45%	21.64%	17.91%		割合	54.02%	12.16%	33.82%	

話し相手は初対面の教師である。よって、丁寧な形ではないあいづち詞はあまり現れないと思われたが、実際には「非丁寧系」の割合がJJでは17.91%、CJでは33.82%となっている。CJとJJは15%以上の差が出た。個人

別のデータを見ると、日本人の9人中JS4を除いて8人が「丁寧系」を50％以上、「非丁寧系」を30％以下用いている。JS4は「非丁寧系」を44.29％使用しており、「丁寧系」の37.14％を上回っている。一方、学習者の10人中CS1、CS2、CS3、CS8の4人は「丁寧系」より「非丁寧系」の使用率が高い。この4人の「非丁寧系」の使用率は58％以上であり、特にCS8は96.30％と最も高い。

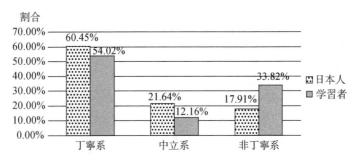

図5-6　教師との会話におけるあいづち詞の丁寧度比較

詳しく考察していくと、日本人の「非丁寧系」は、会話の途中、具体的にはポーズのあるところ、或いは相手の発話と重なって打たれるものが多く見られた。以下に例を挙げる。

例5-9　＜ポーズのあるところで打たれたもの＞
❶ JT2：その問題が解決したときに、
❷ JS2：うん＃
❸ JT2：帰ればまあ＃いいんですけども、
❹ JS2：はい
❺ JT2：そうじゃなくてずっといるつもりだったら、
❻ JS2：うん＃
❼ JT2：やっぱり、日本人の方がもっと働きかえなくちゃいけないし。
❽ JS2：　　　　　　　　　　　はい＃

例5-10　＜相手の発話と重なって打たれたもの＞
❶ JT1：今はメールでいろいろなことがだからなされてますね。
❷ JS1：はい＃＃
❸ JT1：でーあの、メールで送ったら、あのー、まあ、やりにくいときは＃、例えばメーリングリストって聞いたことありますか↗
❹ JS1：＃＃はい＃＃。
❺ JT1：メーリングリストで一斉に送る、だから一人が書いてお返事出して全員に、全

第 5 章 あいづちの表現形式

❻ JS1: 員がこう出し合うっていうような、メーリングリストっていうやり方もあるし、
　　 あーーーーーーーー
　JT1: 今流行りのブログってのもあるよねえ。ブロ/まあ若い人の発音ならブログっ
❼ JS1: うんー♯
❽ JS1: 　　　　　　　　　　　　　　♯♯うん。
　JT1: ていうのかな、も、あるし。だからいろいろなものを使って{♯}、あのー前
❾ JS1: 　　　　　　　うんー♯
　JT1: もってその相談をしておけば{♯}、集まる回数が少なくてすんで、時間もセーブ
❿ JS1: 　　　　　　　　　　　　　　　　　　　　　　　　あ〜〜〜〜
　JT1: できるし。
⓫ JS1: ああ、そうですよね。なんか掲示板みたいなもので一、……

　このような日本語母語話者によって使用された「非丁寧系」のあいづちは、話し手の発話の内容を聞いている、或いは理解したという意思を表明するため用いられるものが多い。あいづち詞のバリエーションが多く、「丁寧系」と「中立系」に「非丁寧系」が入り混じっているものがほとんどである。
　また、少量ながらも、上記の部分以外に、感動、驚き、納得など自分の感情を表すときに使用される「非丁寧系」のものも観察された（例 5-11、例 5-12 参照）。

例 5-11

❶ JT7: あそこは図書館だったんですよね。
❷ JS7: （笑）はい♯、図書館も移動しましたね。
❸ JT7: ええ。で、あそこに、今の図書館のところが{♯}食堂あったんですよ。覚えてま
❹ JS7: 　　　　　　　　　　　　　　　　　　　　　　　　　　　食堂ー…
　JT7: す↗中央食堂っていう（笑）食堂があったんですよ。
❺ JS7: あ〜〜
❻ JT7: やっぱり前は、中央食堂と、あのー地下の外大食堂っていう2つ大きな食堂があっ
❼ JS7: 　　　　　　ありましたねえ♯、はい♯。
❽ JS7: 　　　　　　　　　　　　　　　　　　　　　　　　はい♯
　JT7: たんですけど。
❾ JS7: あ、そっかそっか
❿ JT7: 今、もう外大食堂1つになって。

⑪ JS7: ですね#
⑫ JT7: まあむしろコンビニあたりで買って教室で食べる人の方が多いですかね。
⑬ JS7: うんー##、そうですね

例 5-12

❶ JT5: 3カ月でロシア語をマスターしてしまったという{笑}。
❷ JS5: えーー↲
❸ JT5: へーー、へーー、っていうね。
❹ JS5: すごい 。
❺ JT5: みたいなほう。だいたい。
❻ JS5: えーー↲
❼ JT5: だいたい、試験まで3カ月あるから新しい言葉にチャレンジしようっていう発想が、
❽ JS5: ないですよね。
❾ JT5: ないでしょ。
❿ JS5: へーーー↲
⑪ JT5: 安全なところにいくでしょ。安全なところに。でもいい機会だから、新しい言
⑫ JS5: はい#
　 JT5: 葉を、マスターしてしまおうみたいな感じで、3カ月でマスターして、もちろん
⑬ JS5: えーーーーーー↲
　 JT5: 受験して、受かってるから先生になってるんだけど。
⑭ JS5: はい
⑮ JS5: あ〜すごい 。
⑯ JT5: ひーっていうね。素晴らしい。
⑰ JS5: へーーー↲(笑)
⑱ JT5: そうなんですよ。
⑲ JS5: すごい 。
⑳ JT5: そうそうそうそう。そういう先生です。
㉑ JS5: はーーーーーーーーー##

　一方、学習者の「非丁寧系」の使用には、このような傾向が見られなかった。次の例 5-13と例 5-14のように、「非丁寧系」が連続して現れることが多かった。

第 5 章　あいづちの表現形式

例 5-13
❶ JT3：例えば日本人が｛♯｝英語を勉強するときに｛♯｝、RとL、
❷ CS3：　うん♯そうそうそう
❸ JT3：の音が分からないっていうのと、あとはそれこそ中国語を勉強するときに、
❹ CS3：　うん♯
❺ JT3：「n」と「ng」が分からない、
❻ CS3：　うん、うん♯、そう♯
❼ JT3：日本人は全部「n」だから、
❽ CS3：　うん♯うん♯（笑）
❾ JT3：nなのか（♯）ngなのか（♯）は、日本人はパッと聞いて分からないでしょう↗
❿ CS3：　　　　　　　　　　　　そうそうそう
　 JT3：下手です。いつまでもたぶん発音が、下手だと思いますよ。うん。
⓫ CS3：そうです♯
⓬ CS3：♯そうですね

例 5-14
❶ JT8：でもまああのー、やっぱりこれから社会に行く仕事し始めるとしたらね、
❷ CS8：　うん
❸ JT8：もっと若い人みえるからね。
❹ CS8：　うん
❺ JT8：だから彼らと、場合によっては競争しないといけないと。日本の企業は結構ね
　　　　ある年齢、22歳とか、24歳とか、
❻ CS8：　うん
❼ JT8：そういうとき、あのー、まあ就職してくる、若い学生たちはあのーよ/喜んで、
❽ CS8：　うん
❾ JT8：取るけども、
❿ CS8：　うん
⓫ JT8：っていうそういうところがあるよね、確かにね。
⓬ CS8：　　　　　　　　　　　　　　　　うんうん

　これらの観察結果を合わせて考えると、相手との関係を考慮し、丁寧度レ

ベルの異なるあいづち詞を使い分けるということにおいて、学習者はまだ十分な運用に至っておらず、適切なあいづちを打つことができていないことが明らかになった。学習者の使用問題に関して、第 8 章でまとめて、より詳しく考察する。

5.3 本章のまとめ

　本章では、まず 5.1 で日本語母語話者、中国語母語話者、接触場面における中国人学習者の日本語会話に現れたあいづちを、「対友人」と「対教師」の 2 つのグループに分けて分析してきた。中国人学習者は母語の中国語では教師に対して「繰り返し」をより多く使用しているが、あいづちの総数として対友人と対教師の間に有意差が見られなかった。一方、接触場面において学習者は日本語母語話者と同様に、友人より教師の発話に対してより頻繁にあいづちを入れる傾向が見られた。特に「あいづち詞」と「うなずき」の 2 項目は、「対友人」より「対教師」の方が有意に多く使用されている。すなわち、あいづちを全体的に見ると、中国人学習者の使用は日本語母語話者とよく似ており、母語からの干渉は見られなかった。

　次に、5.2 節で単独型あいづち詞を取り上げて分析した。その結果、日本語のあいづち詞に待遇性があり、日本人は相手との親疎関係及び上下関係によってあいづち詞を選別して使い、友人には「うん系」、教師には「は系」を最も多く用いている。それに対して、中国語のあいづち詞には待遇性がなく、中国人は友人に対しても教師に対しても、使用したあいづち詞の種類と頻度に差がなく、どちらも「嗯系」が最も多かった。一方、接触場面において、中国人学習者の「は系」と「そ系」の使用は日本語母語話者のそれに近づいているが、「うん系」と「あ系」において日本語母語話者とは相違が見られた。特に学習者は目上の教師に対しても「うん系」を多用しており、相手との関係によって使い分けることはまだできていないことが分かった。また、学習者は接触場面で目上の相手に対しても繰り返し形のあいづち詞を過剰に使用していることが明らかになった。中国人は母語で話す際に繰り返し形のあいづち詞を多く使用する傾向があり、その影響で日本語で話す場合もつい言ってしまうのではないかと思われる。したがって、「うん系」あいづち詞及び繰り返し形あいづち詞の多用には母語の影響があると言ってもよいだろう。

　あいづち詞を丁寧度の観点からさらに考察した結果、日本語母語話者よ

第 5 章　あいづちの表現形式

り学習者の方が、親しい友人に「丁寧系」の多用、初対面の教師に「非丁寧系」の多用が顕著であることが分かった。つまり、相手との関係を考慮し、丁寧度レベルの異なるあいづち詞を使い分けるということにおいて、学習者はまだ十分な運用に至っておらず、適切なあいづちを打つことができていないことが明らかになった。

　あいづちの表現形式に関しては、学習者は自然に習得できるものとそうでもないものがあることが今回の調査で明らかになった。日本人が学習者と話をする際、学習者の日本語レベルが高いほど、あいづちを期待する度合いも高くなると考えられるため、特に上級学習者にとってバリエーションのあるあいづちを使うことや、相手によってあいづち詞をうまく使い分けることはより大切である。日本語教育現場で学習者にあいづち行動についての意識を高め、適切なあいづちを使えるように教えるといいだろう。それによって、異文化間コミュニケーションがさらに円滑に進められると思われる。

第6章
あいづちの出現場所と発話権交替

　会話の最初は、話しかけた人が話し手になり、話しかけられた人が聞き手になるが、いったん会話が始まると、その役割は自由に入れ替わる。会話で話し手と聞き手の役割交替が行われるのは、話し手が相手に発話権を譲った時、あるいは聞き手が自分から発話権を取った時である。あいづちが発話権交替に重要な役割を果たしていることについて、畠(1982)や、松田(1988)、ザトラウスキー(1993)などが指摘している。近年あいづちと発話権交替との関わりを取り扱う実証的研究も見られるようになった(吉本2001、郭2003、楊2006)。しかし、このような研究はまだ少ないうえに、日本語母語会話、中国語母語会話、接触場面会話を全て取り上げた研究は一つもない。

　従って本研究では、実際に行われたこの3種類の会話データを用いて分析することにする。あいづちがどういう状況で打たれるか、そしてあいづちが打たれた後会話がどういう展開になるかということに着目して考察する。また、話し相手が異なると、あいづちのパターンも異なってくるかという視点からの分析も試みる。

　発話権が初めにどちらに持たれているかという角度から、あいづちは次の二つのカテゴリーに分けられると考えられる。一つは、発話権がCSとJSの話し相手に握られ、CSとJSは聞き手としてあいづちを打つ立場に立っている場合である。もう一つは、CSとJSは自ら発話権を持っており、相手が聞き手としてあいづちを打ち、その相手のあいづちに対して自分もさらにあいづちを打つ場合である。以下、6.1ではCSとJSが発話権を握っていない場合、6.2ではCSとJSが発話権を握っている場合、二つのカテゴリーをそれぞれ取り上げて分析することにする。いずれも日本語母語話者、中国語母語話者、日本語学習者の三者間の比較検討を行う。

第 6 章　あいづちの出現場所と発話権交替

6.1 分析対象者が発話権を握っていない場合

　あいづちは「聞く」という行動の表れ方の一種である。話し手が発話権を握って話を進めていく間に、聞き手は話し手から送られた情報に積極的に参加しようとし、反応としてあいづちを打つ。あいづちは相手の発話のどのあたりで打たれるかによって、さらに次の二種類に分けられる。一つは、話し手の発話途中である。つまり、話し手の話がまだ終わっていないところに、聞き手があいづちを入れる場合である。これを6.1.1で取り上げる。もう一つは、話し手の発話終了直後である。これは話し手の話が一段落した後に、聞き手があいづちを打つ場合を指している。以下 6.1.2で取り上げる。

6.1.1　相手の発話途中にあいづちを打つ場合

　相手の発話途中にあいづちを打つ場合、次のような4種類の展開型が見られる。

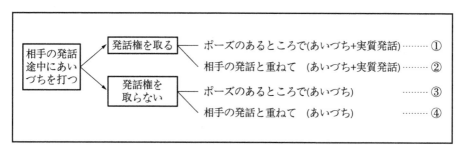

図 6-1　相手の発話途中にあいづちを打つ場合

① 相手の発話のポーズのあるところであいづちを打ち、実質発話をし始める
② 相手の発話と重ねてあいづちを打った後、実質発話をし始める
③ 相手の発話のポーズのあるところであいづちを打つ
④ 相手の発話と重ねてあいづちを打つ

　以下ではこの4パターンの使用例を取り上げ、詳しく考察する。まず、これから会話例における文字化記号について説明しておく。

A、B	会話参加者	——	実質的な発話[1]
*	あいづち	#	うなずき
/	発話途中の切れ目	//	発話終了
↗	上昇イントネーション	→	平板イントネーション
⌒	山型イントネーション		
…	言うつもりだったが、実際には発話しなかった部分		
( )	自分の笑いという非言語行動		
{ }	相手のうなずきや笑いなどの非言語行動		
——	二人の発話が重なっている部分		
----	例に当てはまるあいづち後の実質発話		
	例に当てはまるあいづち		

● パターン①

パターン①は、聞き手が話し手の発話の途中のポーズが置かれているところであいづちを打ち、その後発話権を取って自らの実質発話を始めるものである。話し手側から見れば、その先を言うつもりだった部分を最後まで言わずに済ませてしまうという展開となる。これを図示すると、図 6-2 のようになる。

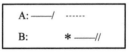

図 6-2　パターン①

パターン①の例を見てみよう。

例 6-1

JF1のアメリカに留学していたときの料理体験についての会話。CS1は中国人学習者、大学院生。JF1は同じ大学院で勉強している、CS1の日本人の友人。

---

[1] 杉戸(1987:88)は「発話」には「あいづち的な発話」と「実質的な発話」の2種類があると指摘している。「あいづち的な発話」について次のように定義している。「はー」「あー」「あーそうですか」「さようでございますか」「えーそうですねー」などの応答詞を中心にする発話。先行する発話をそのままくりかえす、オーム返しや単純な聞き返しの発話。「えーっ!」「まあ」「ほー」などの感動詞だけの発話。笑い声。実質的な内容を積極的に表現する言語形式(単なるくり返し以外の、名詞、動詞など)を含まず、また判断・要求・質問など聞き手に積極的なはたらきかけもしないような発話。「実質的な発話」については、「あいづち的な発話」以外の発話としている。

第6章　あいづちの出現場所と発話権交替

❶ JF1：こう見開きになって、こっちに一週間二週間ってなってるやつで、
❷ CS1：＃＃うん
❸ JF1：だからこんだけのところにちいちゃい字でガーって書いて、
❹ CS1：　　　　　　　　　　　　　　　　　　　　あー＃＃＃
❺ JF1：でも、んー、で料理日記っていうか、料理のレシピはまた違う本に書いて、
❻ CS1：うんー＃＃＃。英語で↗日本語で↗
❼ JF1：　　　　　　　　　ううん、日本語で(笑い)。
❽ CS1：あー。留学ってどのくらい↗一年間↗

　上の例では、話し手JF1が5の「料理のレシピはまた違う本に書いて」という発話の後にポーズを置いた。そこで聞き手CS1が(「うんー＃＃＃」)とあいづちを打ち、その後「英語で↗日本語で↗」と自分から実質発話を始め、現発話者JF1から発話権を取ってしまった。

● パターン②

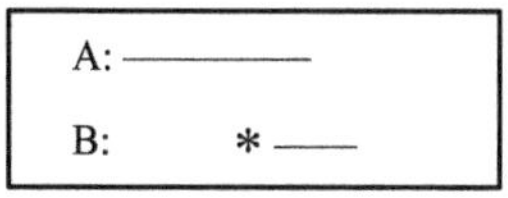

```
A: ────────
B:     *────
```

図6-3　パターン②

　②は、話し手の発話を聞きながら聞き手がこれまでの話の内容が分かった、あるいは話し手がこれから言おうとする内容が予測できた時点で、話し手の発話と重ねてあいづちを入れ、そして自ら発話をし始めたパターンである。例を見てみよう。

例6-2
　留学生寮についての会話。CS7は中国人学習者、大学院生。JT7は日本人の教師。
❶ JT7：外からしか見たことないですね。
❷ CS7：　　　　　そうですね。あそこは家賃が安いです。

　例6-2では、話し手JT7の発話が終了していないところに、聞き手CS7はJT7が話そうとする内容を予測してあいづちを打ち、その後そのままJT7から発話権を取った。このようなあいづちを打つことによって発話権を獲得する場面は他にも数例観察された。

● パターン③

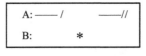

図6-4　パターン③

　パターン③は話し手が発話権を握って話を進めていくうちに、聞き手がポーズのあるところであいづちを打つものである。例を見てみよう。

例6-3
　昨夜の夢についての会話。JS5は日本人の大学院生。JF5は同じ大学院で勉強しているJS5の日本人の友人。

❶ JF5：で、なんか、そう、おもしろい話なんだけどさ、
❷ JS5：うん♯
❸ JF5：なんか卵を一、卵のこの、なんていうの。白焼きっていうか、まく前の、
❹ JS5：うん～～♯♯♯
❺ JF5：卵をいっぱいつくっとって、
❻ JS5：うん♯
❼ JF5：それがお皿にいっぱいのっかっとって、
❽ JS5：うん♯
❾ JF5：で、それを普通にはこんどったんやって。食卓のテーブルにはこんどったんやって、私が。
❿ JS5：うん♯、うん♯
⓫ JF5：そしたらなんか、(笑)炊飯ジャーやよ。
⓬ JS5：うん♯
⓭ JF5：で、保温になっとるんやて、
⓮ JS5：うん♯
⓯ JF5：たきあがっとるんやわ。ぱかってあけたら卵ご飯やったんやて。
⓰ JS5：(大笑い)

　例6-3は、話し手JF5がずっと発話権を握っており、JS5が聞き手としてあいづちを打つ会話場面である。話の途中にポーズが置かれているところでJS5はあいづちを打ち(2、4、6、8、10、12、14)、「聞いている・分かった・どうぞ話を続けてください」という意思を示していると考えられる。そして話し手は聞き手のそのような反応を得た上で話を継続していく。このパター

第6章　あいづちの出現場所と発話権交替

ンの会話では発話権の交替が行われない。現在までほとんどのあいづち研究では「話し手が発話権を行使している間に聞き手から送られたもの」に関心が集中しており、パターン③は正に「話し手が発話権を行使している間」に当てはまるもので、あいづちの使用場面において最も典型的なパターンである。

パターン③と同じ型だが、話し手のポーズが短いため、聞き手のあいづちが話し手の後続発話と重なってしまうことがある。これをパターン③′と呼ぶことにする。図示すると図6-5のようになる。

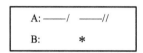

図6-5　パターン③′

例 6-4

JT2が担当している、ある日本語の授業についての会話。JT2は日本人の日本語教師。JS2は日本人の大学院生。

❶ JT2：だから、一応コミュニティカレッジですからね、テキストなんかを使って板書する。

❷ JS2：　　　　　　　　　　　　　　　　　　　はい♯

❸ JS2：うんー♯

❹ JT2：何々が好きですなんか書いたら、先生それ違いますって。

❺ JS2：　　　　　　　　　　　　うん

例6-4では、1の「…ですからね」と4の「…たら」で終わる節の切れ目に、聞き手JS2が2で「はい」、5で「うん」とあいづちを打った。しかし、話し手が短い間しか取らずに直ちに話の後半に入ったため、聞き手のあいづちが話し手の話と重なってしまっている。実際には、あいづちが終わるのを待ってから話し手が続きを言うというよりは、この例のように話し手の話が一瞬途切れたその間にあいづちが割り込むという流れになっていることがしばしばある。したがって、聞き手のあいづちと話し手の続き部分の発話と重なる例が多く見られる。今石(1994)によると、あいづち挿入が「義務的なもの」と「随意的なもの」があり、下降型イントネーションによる終助詞や接続助詞のあるところには、あいづち挿入が随意的であると述べている。パターン③′のあいづちはこの「随意的なもの」に当てはまると考えられる。話し手の角度から見ると、JT2は相手がここにあいづちを打つのを特に期待し

ていなかったとも言えるだろう。

● **パターン④**

　これは聞き手が話し手の発話と同時にあいづちを打つパターンである。話し手の意識的な音声的区切りがなくても、聞き手は話し手の発話の内容を理解した時点であいづちを打っていることがある。あいづちの後に実質発話が付いていない。発話権は話し手に維持されている。図で表すと、次の図 6-6 のようになる。

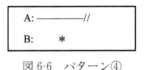

図 6-6　パターン④

例 6-5
　　ジャイカについての会話。JS3は日本人の大学院生。JT3は日本人の教師。
❶ JT3：他のものの方がむしろもともと技術的なものとか、村落開発とか…
❷ JS3：　　　　　　　　　　あーそうですね。はい。

　この例では、聞き手 JS3 は、話し手 JT3 がこれから話そうとする内容がすでに分かり、JT3 の話の最中に重ねてあいづちを打った。このパターンのあいづちは、相手に「聞いていますよ」あるいは「分かりました」などの信号を発するもので、話し手にそのまま話を継続させる機能があり、発話権の交替がなされない。
　以上、相手の発話途中にあいづちを打った後の4つの展開パターンについて見てきた。パターン①②とパターン③④の相違点は、あいづちを発した後に発話権を取るか取らないか、換言すれば、あいづちの後に実質的な発話が続くか、続かないかということである。パターン③④は、あいづちの後に話が続かない。それは、従来の研究ではあいづちとして扱われてきたものである。それに対して、パターン①②は、あいづちの後に実質的な発話が続き、聞き手であった人が発話権を取り、そのまま話し手となっている。これは、これまでの「話し手が発話権を行使している間に聞き手が送る」というあいづちの規定に当てはまらない。つまり、発話権を行使しないというのは、あいづちとして認定するかどうかの一つの重要な基準であるため、ほとんどの研究ではパターン①②のようなものをあいづちとして扱っていない。しかし、実質発話を始める前の先行発話、例えば例 6-1 の「うんー＃＃

第 6 章　あいづちの出現場所と発話権交替

♯」や例 6-2 の「そうですね」は、話し手の発話に対しての反応であり、つまり「理解した」「同意・賛成」などの気持ちを伝えるという機能を持っているため、聞き手としての役割を果たしている点においてはパターン③④と違いがないと考えられる。本研究ではパターン③④もあいづちとして扱い、分析することにする。

　本節では、この 4 つのパターンに関して、日本語母語話者、中国語母語話者、中国人学習者のそれぞれの使用状況を順次分析していくことにする。分析によって、それぞれの特徴、及び三者間の相違点を明らかにする。

6.1.1.1　日本語母語話者の使用状況

　この節では、まず友人との会話場面と教師との会話場面に分けて、それぞれの使用状況を考察する。次に、両場面での使用結果を比較し、両者にはどういう相違点があるかを解明する。では、まず友人同士の会話場面について分析しよう。パターン①②③④の出現回数、割合などを調べた結果は表 6-1 のとおりである。

表 6-1　JJ 会話・相手の発話途中にあいづちを打つ場合（対友人）

単位：回

分析対象	パターン①	パターン②	パターン③	パターン④	合計
JS1	0	0	50	6	56
JS2	1	0	39	18	58
JS3	1	0	84	30	115
JS4	0	0	39	4	43
JS5	0	2	98	14	114
JS6	1	0	86	28	115
JS7	2	1	18	0	21
JS8	0	0	11	0	11
JS9	0	0	55	3	58
合計	5	3	480	103	591
平均	0.6	0.3	53.3	11.4	65.7
割合	0.84％	0.51％	81.22％	17.43％	100.00％

　相手の発話途中に現れるあいづちパターン（以下、「発話途中」と略す）が合計 591 回使用されている。そのうち、パターン③が全員に使用が見られ、合計 480 回で（「発話途中」総数に占める割合は 81.22％）、最も多かった。一

人一人を見ると、98回の人もあれば11回の人もあるが、平均すると、一人53.3回使用していることになり、かなり高い数値が得られた。

パターン③に続いて次に上位に上がっているのはパターン④である。103回の使用が観察され、4パターンの総数に占める割合は17.43％である。平均11.4回であるが、多い人は30回(JS3)、少ない人は0回(JS7、JS8)で、個人間のばらつきが見られる。個人別でパターン③とパターン④の使用頻度を比較してみると、パターン④よりパターン③の方を多く使用していることが被験者全員に共通していることが分かる。

一方、パターン①とパターン②の使用例は極めて少なく、それぞれ5回(0.84％)と3回(0.51％)しか現れなかった。使用している人数を見てみると、パターン①は4人、パターン②は2人で、ほとんど使用していないことが分かる。加えて、使用回数はいずれも2回以下と少ない。

表6-2 JJ会話・相手の発話途中にあいづちを打つ場合(対教師)

単位：回

分析対象	パターン①	パターン②	パターン③	パターン④	合計
JS1	0	1	75	19	95
JS2	1	0	109	59	169
JS3	1	0	83	65	149
JS4	0	0	56	20	76
JS5	0	0	152	24	176
JS6	0	3	83	42	128
JS7	0	1	65	17	83
JS8	0	0	69	3	72
JS9	0	0	116	21	137
合計	2	5	808	270	1085
平均	0.2	0.6	89.8	30.0	120.6
割合	0.18％	0.46％	74.47％	24.89％	100.00％

次に、相手が教師である場合の使用結果をまとめた表6-2を見てみよう。総数1085回のうち、パターン③が808回(総数に占める割合は74.47％)と最も多く、パターン④が270回(24.89％)と続いている。パターン③と④はいずれも全員に使用が見られ、平均回数はそれぞれ89.8回と30.0回となっている。この2パターンの使用頻度を個人別で比較してみると、パターン③がパターン④より多く使用されていることが全員に共通していることが分かる。

第6章　あいづちの出現場所と発話権交替

　一方、パターン①が2回(0.18％)、パターン②が5回(0.46％)で、パターン③④と比べると遥かに少ない。使用人数はそれぞれ2人と3人で、ほとんど1回のみの使用となっている。

　では、「対友人」場面と「対教師」場面の結果を比較してみよう。両場面での各パターンの使用率に基づき、次の図6-7を作成した。

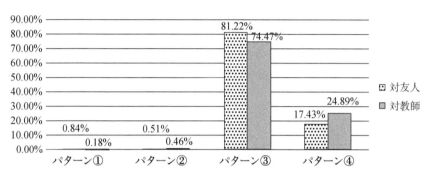

図6-7　発話途中に現れたあいづちの「対友人」と「対教師」の比較(JJ)

　図6-7から、「対友人」と「対教師」のどちらの場面においてもパターン③が圧倒的に多いことが分かる。パターン③は、話し手が発話権を行使している間、ポーズが置かれているところに、聞き手があいづちを打っている場面である(86頁の例6-3参照)。聞き手はあいづちを打つことによって、「聞いている」「理解している」という信号を送りながら「どうぞ話を続けてください」という意思を表明している。発話権は終始話し手に握られ、交替は行われていない。このパターンのあいづちは最も一般的かつ典型的なものであり、発話権を維持させる働きを持っている。

　パターン③に次いで多く出現したのはパターン④である。対教師場面では24.89％で(平均30.0回)、対友人場面では17.43％であり(平均17.4回)、教師に対してより多く使用していることが読み取れる。教師に対してパターン④の使用は被験者全員に見られるが、一番多いのはJS3の65回、一番少ないのはJS8の3回で、個人差があることが分かる。しかし、「対友人」と「対教師」の使用回数を個人別で比較してみると、全員「対教師」の方が回数が多く、個人差があっても、全体の傾向とは矛盾していないことが分かる。では、次の教師との日本語母語会話の例を見てみよう。

例 6-6
　パターン④、大学の食堂についての会話。JS7は日本人の大学院生。JT7は日本人の教師。
❶ JT7：やっぱり前は、中央食堂と、あのー地下の食堂っていう2つ大きな食堂があったん

　　　　　　　ですけど。
❷ JS7：　　　　　　　　　　　　　　　　　　　　はい♯

　例 6-6 では、JT7 が話している途中、JS7 はその話を聞きながら途中で「はい♯」とあいづちを打っている。これは聞き手 JS7 が話し手 JT7 の食堂についての話が分かった時点で、「了解」を表すためにあいづちを打った例である。つまり、話し手が言った部分に対する聞き手の反応である。
　また、同じくパターン④であるが、例 6-6 と少し異なる状況で使用されているものもある。下の例 6-7 を見てみよう。

例 6-7
　パターン④、日本語教育専門家の派遣についての会話。JS3 は日本語教育を専攻している日本人の大学院生。JT3 は日本人の日本語教師。
❶ JT3：基金はねえー、なんて言っちゃいけないんでしょうけども(笑)。ジャイカとかの方が、
❷ JS3：うんー。
❸ JT3：やっぱり{♯♯♯}、なんていう、世界中本当にいろんな地域に派遣しているでしょ。
❹ JS3：　　　　　　　　　　　　　　　　　　あーー
❺ JS3：はい♯♯
❻ JT3：ね、日本語教育もあるけれども、他のものの方がむしろもともと技術的なものとか、
❼ JS3：　　　　　　　　　　　　　　　　うんーー♯♯
❽ JS3：　　　　　　　　　　　　　　　　　　　　あーそう♯ですね。はい
　JT3：村落開発とか、でしたっけなんか、ああいうのも色々あるので、そういうところ
❾ JS3：　　　　　　　　うんうんー♯♯♯♯
❿ JS3：　　　　　　　　　　　　　　　　　　　　うん♯♯
　JT3：のノウハウみたいなのは、まだまだそういう意味では、素人の基金には、その当時は
⓫ JS3：　　　　　　　　　　　　　　　　　　　そうですねえ♯、はい♯
　JT3：なかなか、ジャイカに学べみたいな{笑}。

　JT3 が話している途中、JS3 は聞きながら、相手がこれから言おうとしていることを予測した上で、8 では「あーそうですね♯。はい」、11 では「そうですねえ♯、はい♯」と相手が言う前にあいづちを打っている。これは話し手がまだ言っていない部分に対する聞き手の反応である。日本語母語話者は、教師に対してパターン④をより多く用いていることは、相手が初対面の尊敬すべき先生であるため、「自分が真剣に聞いている」「伝わってきた情報に

第6章 あいづちの出現場所と発話権交替

ついて理解している」、或いは「そのことに同感を持っている」などのメッセージを積極的に相手に伝えたいからではないかと考えられる。

一方、パターン①とパターン②に関して、友人に対してそれぞれ5回(0.84％)、3回(0.51％)、教師に対してそれぞれ2回(0.18％)、5回(0.46％)使用されており、4パターン中使用が最も少ないタイプであることが明らかになった。また、個人の使用状況を見てみると、パターン①②を合わせて使用回数はそれぞれJS1が1回、JS2が2回、JS3が2回、JS5が2回、JS6が6回、JS7が4回で、JS4、JS8、JS9は1回も使用していない。それでは、この2つのパターンの具体的な会話例を見てみよう。

例 6-8

パターン①、JF8は自分が漢字が下手で、知らない言葉が多いということについて話をしている場面。JF8とJS8は大学のクラスメート。

❶ JF8：それを言われたんだよ、まず。丑三つ時って何↗っていったから｛＃｝。うしー。
❷ JS8：え↗副部長丑三つ時知らないの↗
❸ JF8：いや、知ってて｛＃＃＃｝、それで聞いてきたの。
❹ JS8：あ＃。
❺ JF8：そしたら、
❻ JS8：あ＃、ただ問題みたいな感じでね。

例 6-8では、1〜4でJF8が発話権を握って話し続けているうちに、JS8が質問したりあいづちを打ったりしながら相手の話を聞いている。その後、JF8が「そしたら」という発話をした後、JS8は「あ＃」とあいづちを打ち、「ただ問題みたいな感じでね」と実質的な発話が続いている。これは、相手の話のポーズのあるところで、JS8は「あいづち＋実質発話」で相手から発話権を取り、発話権交替が行われたと見なされる。

例 6-9

パターン②、学科の英語教育についての会話。JT7は日本人の日本語教師。JS7は日本語教育を専攻している日本人の大学院生。
JT7：かなり英語教育に日本語学科は力を入れてるんですね。
JS7：　　　　　　　　　　　　　　　そうですね＃。学部のときも3年生のときに1年間交換留学で、オーストラリアに留学しに行ってたんで、もうあんまり日本語を勉強してたというよりも英語を勉強してた感じが、すごいしますけど。

93

例6-9では、JS7はJT7がまだ言っていない部分まで分かっているため、それを聞く前に「そうですね♯」とあいづちと打っているのである。その後、JS7は自分の留学のことを言い出し、確実に話し手となり、話を進めていった。

パターン①と②は、聞き手が積極的に会話に参加しようという姿が見られるが、相手の立場から見ると、自分の話がまだ終了していないのに打ち切られてしまい、不愉快な思いをする恐れがあるのではないかと思われる。これはこの2つのパターンが稀にしか使用されないことの理由であろうと考えられる。

以上のことをまとめると、日本語母語話者は相手の発話途中にあいづちを入れ、あいづちのみで発話を終了する傾向がある。あいづちを打った後にそのまま相手から発話権を取ってしまう使用例も見られるが、極めて稀である。つまり、相手の発話途中に入れるあいづちは、相手に発話権を維持させる働きをしているものがほとんどであることが言える。

6.1.1.2 中国語母語話者の使用状況

次に、中国語母語話者の使用実態を明らかにする。表6-3は友人同士の会話場面で使用された、発話途中の各パターンのあいづちの使用回数を示すものである。

表6-3 CC会話・相手の発話途中にあいづちを打つ場合(対友人)

単位:回

分析対象	パターン①	パターン②	パターン③	パターン④	合計
CS1	0	0	74	8	82
CS2	0	0	22	6	28
CS3	0	0	13	2	15
CS4	2	1	58	34	95
CS5	0	0	9	1	10
CS6	0	0	29	5	34
CS7	2	1	44	14	61
CS8	0	1	86	15	102
CS9	0	0	26	0	26
CS10	0	0	14	0	14

第 6 章　あいづちの出現場所と発話権交替

続 表

分析対象	パターン①	パターン②	パターン③	パターン④	合計
合計	4	3	375	85	467
平均	0.4	0.3	37.5	8.5	46.7
割合	0.86％	0.64％	80.30％	18.20％	100.00％

　対友人場面では、発話途中のあいづち総数 467 回のうち、パターン③が 375 回(80.30％)使用され、頻度が最も高い。被験者全員に使用が観察され、平均すると、一人 37.5 回使用しているということになる。10 人のうち一番多い人には 74 回(CS1)の使用が見られる。

　次に多いのは 85 回の使用が見られるパターン④である。10 人中 8 人の使用が観察され、平均 8.5 回(18.20％)用いられていることが分かる。一方、パターン①とパターン②に関して、頻度は極めて低く、平均使用回数はそれぞれ 0.4 回(0.86％)と 0.3 回(0.64％)しかない。使用人数はそれぞれ 2 人と 3 人で、いずれも 2 回以下の使用となっている。

　次に、教師との会話場面の使用状況を見てみよう。その結果は次の表 6-4 のとおりである。この表から、パターン③が 481 回(平均 48.1 回)の使用が見られ、全体の 79.37％を占めており、4 パターン中最も頻繁に現れるパターンであることが分かる。続いてパターン④の 118 回(平均 11.8 回)で、全体の 19.47％を占めている。パターン③とパターン④はどちらも被験者全員に使用が見られている。

　③④と対照的に、パターン①と②はそれぞれ 5 回(0.83％)と 2 回(0.33％)しか用いられておらず、極めて少ない。パターン①は 2 人の使用が見られ、パターン②は 5 人の使用が見られているが、いずれも 1 回限りの使用である。

　パターン③と④の使用は圧倒的に多く、①と②の使用は極めて少ないという結果は、前述した日本語母語会話場面の結果と共通している。

表 6-4　CC 会話・相手の発話途中にあいづちを打つ場合(対教師)

単位:回

分析対象	パターン①	パターン②	パターン③	パターン④	合計
CS1	0	0	67	17	84
CS2	0	0	43	6	49
CS3	1	1	79	44	125
CS4	0	1	24	6	31

続　表

分析対象	パターン①	パターン②	パターン③	パターン④	合計
CS5	0	0	12	1	13
CS6	1	1	44	8	54
CS7	0	1	79	19	99
CS8	0	0	69	7	76
CS9	0	0	35	2	37
CS10	0	1	29	8	38
合計	2	5	481	118	606
平均	0.2	0.5	48.1	11.8	60.6
割合	0.33%	0.83%	79.37%	19.47%	100.00%

　では、中国語母語会話の対友人と対教師の結果を比較してみよう。両場面での各パターンの使用割合に基づき、以下のように「対友人場面」と「対教師場面」を比較して図 6-8 を作成した。

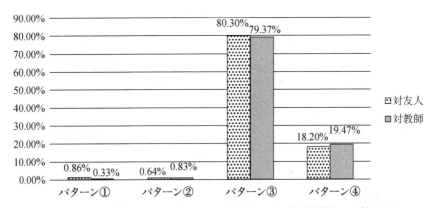

図 6-8　発話途中に現れたあいづちの「対友人」と「対教師」の比較（CC）

　話し相手が親しい友人であっても初対面の教師であっても、パターン③が圧倒的に多く使用されていることが図 6-8 から分かる。一人一人の使用結果を見てみても、パターン③を最も多く使用していることが全員に見られ、全体の傾向と一致していることが分かる。また、パターン④の使用頻度がやや高いこと、及びパターン①とパターン②の使用が極めて少ないことも「対友人」と「対教師」の両者に共通している。各パターンの使用率を比較してみると、両者の間にほとんど差がないことが分かる。すなわち、中国語母語話者が発話途中に使用するあいづちの傾向と話し相手との関係の間には関連性がないことが言えるだろう。

第6章　あいづちの出現場所と発話権交替

次に、中国語母語話者に使用されるこの4つのパターンの例を順に見てみよう。

例 6-10

パターン①、初任給についての友人同士の会話。CS4は中国人の大学院生。CF4はCS4の中国人の友人。

❶ CF4：我真是不知道我这个完事儿之后嘛，然后再看看，<u>再看看别的</u>。
❷ CS4：　　　　　　　　　　　　　　　　　　　　　　<u>嗯一♯，对。我跟你差不多，就是说，纯拿是18万，但是就是说到手里没有 18 万嘛。但是它补，给补贴 1 万块钱的住，住宅的那个，那个住房的那个一补贴</u>。

<例 6-10　の日本語訳>

❶ CF4：わかんないけど、これが終わったら、もうちょっと、<u>他の会社を探そうかな</u>。
❷ CS4：　　　　　　　　　　　　　　　　　　　　　　<u>うん一♯、そうそう。あたし</u>はCF4ちゃんとあんまり変わらないよ。手取りは18万だって言われてるんだけど、実際は手に入るのが18万もないと思うよ。でも1万円の住宅、あれ、あの一家賃手当て、もらえる。

例 6-10 は、話し手 CF4 が面接に行ってきた会社の初任給について話しているところで、「もうちょっと」の後に一瞬途切れて、そこで聞き手 CS4 が「うん一♯、そうそう」と先取りあいづちを打った。あいづちの後に CS4 は「あたしは CF4 ちゃんとあんまり変わらないよ…」と自分の給料についての話をし始めた。CS4 の発話の始まり部分は CF4 の「もうちょっと」に続く部分の発話と重なった。

例 6-11

パターン②、CT10がCS10に他の大学の授業を聴講することを勧めている会話場面。CS10は中国人の大学生。CT10は中国人の中国語教師。

❶ CT10：因为这个学校说实话还是比较，比较小的。
❷ CS10：对对对。
❸ CT10：老师也不会很好，说句实在话我感觉。
❹ CS10：　　　　　　　　　　　　<u>对♯，我在/我参加了那个，转学考试。到一月十一一月十五号有结果。我不知道能不能考上</u>。

<例 6-11　の日本語訳>

❶ CT10：この大学は、正直にいえば、やっぱりちょっと小さいですね。
❷ CS10：そうそうそう。

❸ CT10：先生のレベルもまあまあですし、正直にいえば<u>私はそう思ってます</u>。
❹ CS10：<u>そうですね♯</u>。僕は/僕はあの一編入試験を受けました。1月/11月15日にその結果が出ます。受かるかどうかは分かりませんけど。

　この例 6-11 で、聞き手である CS10 は今まで聞いてきた話から、話し手 CT10 が3の「正直にいえば」に続けて言おうとしていることが予測でき、それを聞く前に「そうですね♯」と先取りあいづちを打っている。それから自分が編入試験を受けたということを言い出している。これは相手の発話の途中に割り込んであいづちを打ち、そして発話権を取ってしまう例の一つである。

例 6-12

　パターン③、教師 CT1 が自分の教え子について話をしている場面。CS1 は中国人の大学院生。CT1 は中国人の中国語教師。

❶ CT1：有的学生呢,很可爱的。
❷ CS1：嗯—♯♯
❸ CT1：一批一批学生给他们送去以后哈,
❹ CS1：嗯—♯嗯—♯
❺ CT1：真的有的学生,前一天还,一个学生还来了 email,
❻ CS1：嗯♯
❼ CT1：一个男孩,
❽ CS1：嗯—♯♯
❾ CT1：好几年就是一没有联系的哈,
❿ CS1：啊♯
⓫ CT1：比较很,很努力的一个学生。
⓬ CS1：嗯—♯♯♯
⓭ CT1：然后毕业以后偶然就/就是碰见了他,
⓮ CS1：嗯♯
⓯ CT1：然后我们互相留了地址,
⓰ CS1：嗯♯♯
⓱ CT1：email 地址,他就来了地址,他就,自己的恋爱的痛苦啊,什么失恋啊,就来 email 了。

＜例 6-12 の日本語訳＞

❶ CT1：すごくかわいい学生がいますよ。
❷ CS1：<u>うん—♯♯</u>

第6章　あいづちの出現場所と発話権交替

❸ CT1：毎年学生たちを送り出した後ね、
❹ CS1：うんー＃うんー＃
❺ CT1：ある学生がね、この間も、一人の学生がメールを送ってくれましたよ。
❻ CS1：うん＃
❼ CT1：男の子で、
❽ CS1：うんー＃＃
❾ CT1：何年間も連絡はなかったけど、
❿ CS1：あ＃
⓫ CT1：すごく、すごくまじめな学生です。
⓬ CS1：うんー＃＃＃
⓭ CT1：卒業した後偶然に、会いました。
⓮ CS1：うん＃＃
⓯ CT1：それでメールアドレスを交換して、
⓰ CS1：うん＃＃
⓱ CT1：メールアドレス、彼はアドレスを送ってくれて、恋の悩みとか、失恋のこととか、メールに書いて、送ってくれましたよ。

例6-12では、話し手CT1から提供された情報に対して、聞き手CS1がポーズのあるところで「嗯」や「啊」で反応している。あいづちの機能という観点から見ると、これらのあいづちはすべて「聞いている」あるいは「理解している」ということを表している。この会話はCT1がずっと主導権を握って進めている。

例6-13
　パターン④、就職の面接についての会話。CS4は中国人の大学院生。CF4は同一大学院で勉強しているCS4の中国人の友人。
❶ CF4：今天等于是上午在那个交流课,跟那个什么△△老师,还有那个△△那个小姐哈｛＃｝,在一块儿。一看还行,我说我找的那个/不是红的那个嘛,那头绳儿。
❷ CS4：嗯＃嗯＃嗯＃一
❸ CF4：她还借我根那个,蓝的深的不太扎眼扎眼的那那种吭。要不然一看你别/系红的了
❹ CS4：　　　　　　　　　　嗯嗯嗯一
　　CF4：(笑){笑}。我还说,系红的避邪呢(笑){笑}。我说行,那就系黑的吧。我们俩先换然后这会儿回来又跟她换回来了。然后那个一就是,她说行,那你那个吧,
❺ CS4：　　　　　　　　　　嗯＃嗯＃嗯＃嗯一
　　CF4：がんばって。
❻ CS4：嗯一＃

<例6-13 の日本語訳>

❶ CF4: 今日さ、午前中交流課に行ってきたの。△△先生、あと△△さんと｛#｝、しゃべってた、一緒に。まあまあよかったって、私がエントリーした会社/あれが赤いやつじゃない、あのーゴム。
❷ CS4: うん#うん#うんー#
❸ CF4: 彼女は自分の青いやつ、あんまり目立たない立たないやつを貸してくれ
❹ CS4: 　　　　　　　　　　　　　　　　　　うんうんうんー
　CF4: たよ。赤いやつで縛るなんてって(笑)｛笑｝。赤いやつの方が縁起がいいって思ってたけど(笑)｛笑｝。で、私「はい、黒にします」って。それで彼女のとチェンジして、戻ってきてからさっきまた取り換えたの。で、あのー、じゃ、
❺ CS4: 　　　　　　　　　　　　うん#うん#うん#うんー
　CF4: がんばって、って彼女が言ってくれた。
❻ CS4: うんー#

　この会話では、聞き手CS4は話し手の発話と重ねて「うんうんうんー」とあいづちを2回入れた。前者は、CF4のヘアゴムについての話を聞いて、「目立たない」ということを理解した時点で即時に「分かった」という反応を出した。これはすでに聞いた発話に対するもので、普通のあいづちである。後者は、CS4はCF4の話を聞きながら、これから「取り換えた」という内容を言おうとしていることを予測した上で打ったものである。これは話し手がまだ言っていない部分に対する聞き手の反応で、いわゆる「先取りあいづち」である。あいづちの機能から見ると、どちらも「あなたの話を理解しているよ」ということを伝える機能を持っているもので、堀口(1988)は「理解しているという信号」、メイナード(1993)は「内容理解を示す表現」と名付けている。

　パターン④に関して、日本語母語話者は友人より教師に対してより多く用いているが(「対友人」では17.43％、「対教師」では24.89％)、中国語母語話者は「対友人」と「対教師」がそれぞれ18.20％と19.47％であり、両者の間に大きな違いは見られなかった。このことから、日本人は目上の教師の発話を興味深く聞いている姿勢を積極的にアピールするため、相手の発話途中にも頻繁にあいづちを打つ傾向が見られるが、中国人にこのような傾向は見られないと言えるだろう。

　以上、相手の発話途中にあいづちを打った後の4種類の展開型について見てきた。中国語母語話者は日本語母語話者と同様、ポーズのあるところに好んであいづちを打つ傾向がある。相手の発話がまだ途中であるため、そ

第6章 あいづちの出現場所と発話権交替

の多くはあいづちのみで終了し、発話権を取るのが極めて稀であることも共通している。パターン④を除いて、中国語母語話者と日本語母語話者の間には大きな差が見られなかった。

6.1.1.3 中国人日本語学習者の使用状況

続いて、日本人との接触場面において、中国語を母語とする日本語学習者が相手の発話途中にどんなパターンのあいづちを使用しているかについて考察することにする。

まず、相手が日本人の友人である場合の使用状況について見てみよう。次の表6-5はその結果をまとめたものである。

表6-5　CJ会話・相手の発話途中にあいづちを打つ場合（対友人）

単位：回

分析対象	パターン①	パターン②	パターン③	パターン④	合計
CS1	2	1	90	8	101
CS2	0	0	34	10	44
CS3	0	0	65	12	77
CS4	0	1	53	29	83
CS5	2	0	21	3	26
CS6	0	0	6	2	8
CS7	0	0	41	12	53
CS8	0	0	31	2	33
CS9	1	0	18	0	19
CS10	1	0	45	8	54
合計	6	2	404	86	498
平均	0.6	0.2	40.4	8.6	49.8
割合	1.20％	0.40％	81.13％	17.27％	100.00％

この表から分かるように、パターン③の使用が404回見られ、発話途中に現れたあいづち総数498回の81.13％を占めており、使用率が最も高いパターンである。パターン③は全員に使用が見られるが、個人別で見てみると、一番多い人はCS1の90回、一番少ない人はCS6の6回で、個人差はかなり激

101

しい。しかし、CS6はこの4パターンの使用総数はわずか8回であり、そのうちパターン③は6回で、全体の75.00％を占めていることが分かる。つまり、個人差があっても、全体の傾向とは矛盾していない。また、パターン③の使用回数が最も多いということは、被験者全員に共通している。

　パターン③に次いでパターン④が上位に上がっており、86回の使用が観察され、使用率は17.27％である。CS9を除いて全員使用している。パターン③と④は合わせて全体の98.40％を占めており、圧倒的に多い。一方、パターン①とパターン②の使用は極めて少なく、特にパターン②はCS1とCS4に1回ずつ使用され、合わせて2回しか現れなかった。

　続いて、話し相手が教師である場合の使用状況について見てみよう。次の表6-6はその結果を表すものである。使用頻度が最も高いのはパターン③で、683回現れ、全体の75.64％を占めている。次に多いのはパターン④の211回で、23.37％である。パターン③とパターン④は被験者全員に使用が見られ、全体の99.01％も占めている。一方、パターン②の使用は8回(0.88％)、パターン①の使用は1回(0.11％)で、どちらも非常に少ない。特にパターン①はCS9の1人にしか使われていない。

表6-6　CJ会話・相手の発話途中にあいづちを打つ場合（対教師）

単位：回

分析対象	パターン①	パターン②	パターン③	パターン④	合計
CS1	0	0	106	15	121
CS2	0	1	76	21	98
CS3	0	3	145	71	219
CS4	0	2	25	16	43
CS5	0	0	79	12	91
CS6	0	0	116	15	131
CS7	0	1	40	21	62
CS8	0	0	11	4	15
CS9	1	0	38	2	41
CS10	0	1	47	34	82
合計	1	8	683	211	903
平均	0.1	0.8	68.3	21.1	90.3
割合	0.11％	0.88％	75.64％	23.37％	100.00％

第6章　あいづちの出現場所と発話権交替

では、「対友人」場面と「対教師」場面の使用状況を比較してみよう。パターン①②③④の使用割合に基づいて両者を比較した図は次の図6-9のとおりである。

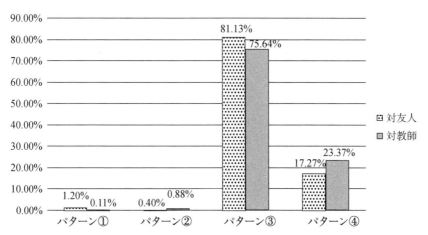

図6-9　発話途中に現れたあいづちの「対友人」と「対教師」の比較(CJ)

図6-9から、パターン③は「対友人」と「対教師」のどちらの場面においても、最も高い割合で現れていることが分かる。パターン③に次いでパターン④が多い。パターン①とパターン②の使用はどちらにおいても極めて少ない。以上のことから、話し相手が異なっても、学習者が使用するあいづちパターンはほとんど変わらないようである。これは日本語母語話者、中国語母語話者と同じ結果であった。すなわち、相手の発話途中にあいづちを打った後の会話展開傾向に関して、三者の間には大きな違いがないことが分かる。

以下では、使用率の高い順に、学習者に使用された各パターンの例を見てみよう。

例6-14
　　パターン③、就職についての会話。CS8は学習者、大学院生。JT8は日本人の教師。
❶ JT8：でもまああのー、やっぱりこれから社会に行く仕事し始めるとしたらね、
❷ CS8：うん
❸ JT8：もっと若い人みえるからね、
❹ CS8：うん
❺ JT8：だから彼らと、場合によっては競争しないといけないと。日本の企業は結構ね、ある年齢、22歳とか、24歳とか、

❻ CS8：うん
❼ JT8：そういうとき、あのー、まあ就職してくる、若い学生たちはあのーよ/喜んで、
❽ CS8：うん
❾ JT8：採るけども、
❿ CS8：うん
⓫ JT8：っていうそういうところがあるよね、確かにね。
⓬ CS8：　　　　　　　　　　　　　　　　うんうん。

　例6-14では、会話の主導権がずっと話し手JT8に握られており、話し手と聞き手の役割の交替が見られない。CS8は聞き手として、JT8の話を聞きながらあいづちを打ち続けている。2、4、6、8、10のところで使用した「うん」は、すべて「聞いている」ということを表している。
　パターン③に次いでパターン④の使用順位が高くなっている。パターン④はパターン③と同じく、発話権の交替が行われないタイプである。図6-9から、「対友人」の使用率は「対教師」よりやや低い（17.27％＜23.37％）ことが分かる。また、平均使用頻度を見ると、「対友人」では8.6回、「対教師」では21.1回となっており、教師に対してより頻繁に使用していることが明らかである。さらに、一人一人の「対友人」と「対教師」の数値を比較しても、CS4を除いて（CS4は友人に対して29回、教師に対して16回を使用している）、他の9人は全員「対教師」の方が使用回数が多いことが分かる。では、学習者と教師の会話例を見てみよう。

例6-15
　パターン④、人材採用についての会話。CS10は学習者、大学生。JT10は日本人の教師。
❶ JT10：結局日本中国{＃＃}韓国まあ東アジアについて言えば、
❷ CS10：　　　　　　　　　　　　　　うんー
❸ CS10：はい＃
❹ JT10：この三つが{＃＃}どの部分で競争して、
❺ CS10：うん＃
❻ JT10：どの部分は{＃＃}協力するかっていうことは考えていかなきゃいけないから、
❼ CS10：　　　　　　　　　　　　うん＃＃
❽ CS10：　　　　　　　　　　　　　　　　　　　　　うん＃、そうですね
　JT10：むしろ日本の{＃＃}大企業の方が、
❾ CS10：　　　　　　　　　うん＃
❿ CS10：うん＃

第 6 章　あいづちの出現場所と発話権交替

❶ JT10：あの一本当に優秀な{＃}留学生を日本人と同じようにって考えてるみたい。
⓬ CS10：　　　　　　　　　　　　＃うん
⓭ CS10：　　　　　　　　　　　　　　　　　　　　　はい＃、はい＃

　例 6-15 では、聞き手 CS10 は話し手 JT10 の発話と重ねてあいづちを打っている。接触場面において、学習者は親しい友人と会話する場合より目上の教師と会話する場合の方が頻繁に使用しており、それは教師の話を真剣に聞いている、興味深く聞いている、あるいは理解しているという態度を積極的に相手に示していることを意味している。本研究において、パターン④の内に、特にうなずきという非言語的なあいづち表現が多く観察された。相手の発話と同時に発するものであるため、邪魔にならないように音声ではないものを多用しているのではないかと思われる。パターン④に関して、日本語母語話者と同様の結果が得られた。なお、中国語母語話者にはこのような傾向が見られなかった。
　学習者はパターン③、④を多用している一方、パターン①とパターン②の使用は非常に少ない。この結果はJJ、CCと共通している。では、パターン①とパターン②の例 6-16 と例 6-17 を見てみよう。

例 6-16
　パターン①、卒業式についての友人同士の会話。CS5 は中国人の大学院生。JF5 は同じ大学院で勉強している日本人の学生。
❶ JF5：卒業式出ずに行くよ。2 月の終わりくらいに。まずそこ行けるかわかんないんだけど、でも去年 1 人××――
❷ CS5：　　　うん＃。
❸ CS5：私の場合は、9 月卒業っていう××。

例 6-17
　パターン②、人材採用についての会話。CS10 は学習者、大学生。JT10 は日本人の教師。
❶ JT4：でも締め切りは迫ってくるし、
❷ CS4：そうですね＃。
❸ JT4：データを取っちゃったし{＃＃＃＃}、まあ、書かなくちゃいけないって感じで、もう――
❹ CS4：　　　　　　　　　　　　　　　　　　　　　そうそうそう、こんな浅いものでいいですかねっていう感じがするんですよ。

例6-16では、話し手JF5は「まずそこ行けるかわかんないんだけど」の後にポーズを置いた。聞き手CS5はそこで「うん♯」とあいづちを打ち、その後に「私の場合は、…」と発話権を取り、話し手となった。例6-17では、聞き手CS4は相手の話がまだ続いている途中に「あいづち＋実質発話」という形で相手から発話権を奪ってしまった。いずれも相手から積極的に発話権を取り、話者交替をさせたパターンである。6.1.1.1で述べたように、相手の発話がまだ終わらないうちに割り込んで発話することは失礼な言語行動である。特に異文化コミュニケーションをする場において、相手に不快な思いをさせないように、そういうことを回避すべきだろうと考えられる。

学習者の使用についてまとめると、JJ、CCと同様に、相手の発話途中にあいづちを入れる場合、発話権を取らずに、あいづちだけで終了するのがほとんどである。また、日本人と同じく、目上の人と会話する場合、相手の発話と重ねてあいづちを打つ傾向があり、特にうなずきのような非言語的な表現を使うことが多い。

6.1.2　相手の発話終了後にあいづちを打つ場合

以上、相手が発話権を握って話をしている途中に、聞き手が打ったあいづちについて考察してきた。次に、相手の発話終了後にあいづちを打つ場合（以下、「発話終了後」と略す）について分析していく。あいづちが打たれた後は、聞き手が発話権を取って話し手となるか、あるいは聞き手が発話権を取らずに相手に譲るかの二つの展開になる。聞き手が発話権を取らない場合のその後の展開をさらに細分すると、話し手は発話権をそのまま維持するか、あるいは発話権を放棄するかの2つの下位分類ができる。これらの会話の展開型を図式化にすると、次の図6-10のようになる。

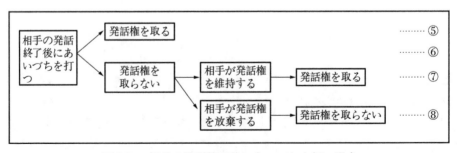

図6-10　相手の発話終了後にあいづちを打つ場合

第 6 章　あいづちの出現場所と発話権交替

⑤ 相手の発話終了後にあいづちを打ち、その後そのまま発話権を取る。
⑥ 相手の発話終了後にあいづちを打つが、発話権を取らない。相手が発話権を維持する。
⑦ 相手の発話終了後にあいづちを打つが、発話権を取らない。その後相手がまた発話権を譲ってくれれば、取る。
⑧ 相手の発話終了後にあいづちを打つが、発話権を取らない。その後相手がまた発話権を譲ってくれるが、放棄する。

以下、パターン⑤⑥⑦⑧の例を順に見ていこう。

● **パターン⑤**

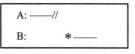

図 6-11　パターン⑤

例 6-18
　企業の留学生募集についての会話。CS10は中国人の学習者、大学生。JT10は日本人の教師。
❶ JT10：どの部分は協力するかっていうことは考えていかなきゃいけないから、むしろ日本の大企業の方が、あのー本当に優秀な留学生を日本人と同じようにって考えてるみたい。
❷ CS10：そうですね。国際企業やっぱり、今までいろんな国で展開できるのは、あのー地元の考えとか、結構…

　パターン⑤は話し手の話が終了後に、聞き手があいづちを打ち、その後発話権を取って、話し手になるパターンである。例 6-18では、CS10はJT10が提供した情報に対して、「そうですね」と発話した。それは「同感」という意思を表明すると同時に、これまで聞き手であった自分がこれで発話権を取り、話し手になることを相手に知らせたとも考えられる。このようなターンの冒頭に現れるあいづちは、聞き手としての役割を果たしているだけではなく、聞き手から話し手へと移行していく、つまり聞き手と話し手の役割を同時に担っている部分である。聞き手はあいづちによってスムーズに発話権を取り、話し手になっている。

● パターン⑥

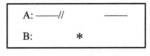

図 6-12　パターン⑥

例 6-19

CS7がアルバイトをしているスーパーについての会話。CS7は中国人学習者、大学院生。JT7は日本人の教師。

❶ JT7：私はよくあそこで買い物しますよ。
❷ CS7：あっそうですか。はい。
❸ JT7：留学生らしき人がいっぱいいますね。

　話し手JT7の話の終了後に、CS7はJT7の話に対して「あっそうですか。はい」によって、「話が分かりました」ということを示した。あいづちのみで終わり、実質発話を行っていない。JT7は相手がこの後何か話そうとしないことが分かり、また発話権を取り、話を再開した。したがって、あいづちは発話権放棄の一種のシグナルであると考えられる。

● パターン⑦

図 6-13　パターン⑦

例 6-20

日本のおみやげについての会話。CS1は中国人の学習者、大学院生。JT1は日本人の教師。

❶ JT1：だから日本のものは中国にいったら珍しいかもしれないし。
❷ CS1：うんー＃
❸ JT1：ねー→
❹ CS1：はい＃。納豆は、ないです、中国に。

　パターン⑦は、話し手の発話が終わった後に聞き手があいづちを打つが、発話権を取らずに話し手Aに譲る。しかし、話し手はこれ以上話を続ける

第 6 章　あいづちの出現場所と発話権交替

意思がなく、あいづちを打ち、発話権を放棄する。そのため、聞き手 B はあいづちを打った上で発話権を取る。その実例 6-20 を見てみると、話し手であった JT1 から発話権を譲られた後に、CS1 は 4 のところで「はい♯」とあいづちを打った上で発話権を取って、話し手になった。もし聞き手 B がこのやり取りの最後にあいづちを打たずに発話権を取ると、次のパターン⑦′となる。

図 6-14　パターン⑦′

例 6-21
　納豆についての会話。CS1 は中国人の学習者、大学院生。JT1 は日本人の教師。
❶ JT1：テレビでやってたのよ、本当かどうかはわかりませんけどね(笑)。
❷ CS1：うんー♯
❸ JT1：うん
❹ CS1：でも友達は、しそってゆう…

　納豆の話をしているところで、JT1 が「本当かどうかはわかりませんけどね」と発話を終了したが、CS1 は「うんー」と反応を出しただけで終了し、発話権を取らなかったため、JT1 は 3 で「うん」とあいづちを打ち、「もう話は終わりましたよ」という終了のサインを出して、発話権をまた CS1 に譲った。そのサインを受け止めて CS1 は「でも友達は…」と話をし始めた。

● **パターン⑧**

図 6-15　パターン⑧

例 6-22
　JT5 の出身大学についての会話。JS5 は日本人の大学院生。JT5 は日本人の教師。
❶ JT5：大学院は△△△大学です。
❷ JS5：あ、そうなんですか
❸ JT5：はいはい。
❹ JS5：へえー↲
❺ JT5：ここ△△△大学の卒業生多いんです。

JT5の話の終了後に聞き手JS5が「あ、そうなんですか」とあいづちを打ち、「分かりました」という意思を表明し、JT5の次の話を待っていた。その後、JT5は「はいはい」とあいづちによって、「私の話は以上です。次どうぞ」という信号を発した。しかし、JS5は「へえー」と言って、発話権を取らずに、またJT5に返した。ゆえにJT5が「ここ△△△大学の卒業生多いんです」と次の話へ展開していくことになった。このパターンではあいづちの連鎖が3回見られる。

　以下、日本語母語話者、中国語母語話者、学習者の順に、パターン⑤からパターン⑧の具体的な使用状況について詳しく分析していく。

6.1.2.1　日本語母語話者の使用状況

　日本語母語話者の友人同士の会話に使用されたパターン⑤⑥⑦⑧の結果は、表6-7のとおりである。

表6-7　JJ会話・相手の発話終了後にあいづちを打つ場合(対友人)

単位：回

分析対象	パターン⑤	パターン⑥	パターン⑦	パターン⑧	合計
JS1	9	15	8	1	33
JS2	13	50	3	1	67
JS3	14	31	3	3	51
JS4	2	11	1	2	16
JS5	3	54	1	4	62
JS6	6	21	3	0	30
JS7	6	15	7	4	32
JS8	7	4	3	0	14
JS9	4	11	1	0	16
合計	64	212	30	15	321
平均	7.1	23.6	3.3	1.7	35.7
割合	19.94％	66.04％	9.35％	4.67％	100.00％

　各パターンの割合を見てみると、パターン⑥が66.04％(212回、平均23.6回)と圧倒的に多く、続いてパターン⑤が19.94％(64回、平均7.1回)とやや多い。そしてパターン⑦が9.35％(30回、平均3.3回)で、最も少ないのはパターン⑧の4.67％(15回、平均1.7回)である。

　次の表6-8は教師に対して会話をする場合の結果を表すものである。使

第6章 あいづちの出現場所と発話権交替

用率の高い順で並べると、パターン⑥(60.33％)、パターン⑤(19.67％)、パターン⑧(11.80％)、パターン⑦(8.20％)となっている。パターン⑥、パターン⑤、パターン⑧、パターン⑦の平均使用回数はそれぞれ20.4回、6.7回、4.0回、2.8回である。

表6-8 JJ会話・相手の発話終了後にあいづちを打つ場合(対教師)

単位:回

分析対象	パターン⑤	パターン⑥	パターン⑦	パターン⑧	合計
JS1	3	17	2	0	22
JS2	8	20	2	3	33
JS3	2	14	0	6	22
JS4	1	19	0	6	26
JS5	0	29	2	15	46
JS6	28	30	5	0	63
JS7	4	18	1	1	24
JS8	12	22	5	4	43
JS9	2	15	8	1	26
合計	60	184	25	36	305
平均	6.7	20.4	2.8	4.0	33.9
割合	19.67％	60.33％	8.20％	11.80％	100.00％

では、「対友人」と「対教師」の両場面においての各パターンの使用状況を比較してみよう。両者のパターンごとの割合を図で示すと次の図6-16のようになる。

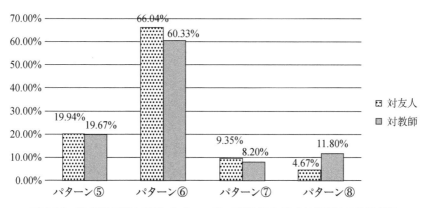

図6-16 発話終了後に現れたあいづちの「対友人」と「対教師」の比較(JJ)

まず、図6-16から分かるように、パターン⑥の使用は、「対友人」と「対教師」のどちらにおいても6割以上と圧倒的に多い。これは、話し手が発話を終了した後に、聞き手がその話に対してあいづちによって反応を示し、発話権を放棄したため、話し手がそれを受け止めて、更なる話をするという展開である。

以下、パターン⑥の例を取り上げて見よう。

例 6-23
パターン⑥、ある二人とも知っている先生についての会話。JS2は日本人の大学院生。JF2は同じ大学院で勉強しているJS2の日本人の友人。
❶ JF2：奥さんも運転できるみたいだし。
❷ JS2：　　　　　　うん♯うん♯うん♯うん♯♯。
❸ JF2：って言ってたよ。
❹ JS2：♯えーー↷
❺ JF2：ねえ。きっかけに、なったんじゃない↗
❻ JS2：ね♯→(笑)
❼ JF2：ね奥さんまだ向こうで働いてるんだよね。
❽ JS2：だよね♯、たぶん♯♯。

例6-23の会話では、発話権を持っていたJF2が3で「って言ってたよ」と発話終了のサインを出して発話権をJS2に譲ったが、JS2は譲られた発話権を取らずに、4で「♯えーー↷」と驚きの感情を表すあいづちを打っただけで発話を終了した。それでJF2が5で「きっかけに、なったんじゃない↗」という話をもって発話を終了し、再び発話権をJS2に譲った。しかし、JS2は6で「ね♯→」と終え、再び発話権を放棄した。そこで、JF2が「ね奥さんまだ向こうで働いてるんだよね」と更なる情報提供を始めた。

パターン⑤に関して、「対友人」と「対教師」の間にほとんど差がなく、使用率は両場面ともに約2割となっている。

例 6-24
パターン⑤、中国語学科についての会話。JS7は日本人の大学院生。JT7は中国語学科の日本人の先生。
❶ JT7：結局その授業以外でどれだけやったかによりますよね。でも留学しなくてもかなりのレベルになる人もいますよ。
❷ JS7：へえーー↷その中国語を使った仕事に、就職する割合ってどのくらいなんで

第 6 章　あいづちの出現場所と発話権交替

　　　すか。
❸ JT7：それは割合は統計とってないから分かりませんけども、ただ、あの、就職率はかなりいいですね。
❹ JS7：へえー↷それは、今なんか中国語すごい大切って言われてるじゃないですか。その経済のあれとかで、そういう…

　1のJT7の発話に対して、JS7は2で「あいづち＋質問」という形で発話権をJT7に譲り、話者交替が行われた。3、4はその繰り返しである。
　パターン⑦と⑧は、どちらの会話場面でも出現率が低く、平均使用頻度は4回以下である。例6-25はパターン⑦の例で、例6-26はパターン⑧の例である。

例 6-25
　パターン⑦、JF8は自分が漢字が下手ということについて話している場面。JF8とJS8は大学のクラスメート。
❶ JF8：漢字も、小6ぐらいまで、で、たぶんやっと全部、全部も書けないと思う、小6。
❷ JS8：まじで↗
❸ JF8：うん
❹ JS8：へえ↷俺も漢検はね、3級しか持ってないからね。

例 6-26
　パターン⑧、JT5の出身大学についての会話。JS5は日本人の大学院生。JT5は日本人の教師。
❶ JT5：大学院は△△△大学です。
❷ JS5：あ、そうなんですか
❸ JT5：はいはい。
❹ JS5：へえー↷
❺ JT5：ここ△△△大学の卒業生多いんです。

　例6-25では、聞き手JS8のあいづちに対して、話し手JF8がまたあいづちを打った。相手がもう話を続ける意思がないということを読み取り、JS8は4であいづちを打った上で発話を開始した。例6-26は、3の発話までのやり取りは例6-25と同じだが、4からの展開に違いが見られる。それは、例6-25では聞き手JS8が4のところで発話権を取り、話し手となったが、例6-26では聞き手JS5が4のところでさらにあいづちを打つことによって発話権を相手に譲った。その後、5のところでJT5は発話を再開した。つまり、例6-25では話者交替が行われていないが、例6-26では話者交替が行われた。この2パタ

113

ーンの「対友人」と「対教師」の使用率を総合的に比較して見ると、パターン⑦において「対友人」の9.35%は「対教師」の8.20%より高く、パターン⑧において、「対友人」の4.67%は「対教師」の11.80%より低いということで、わずかであるが、差があることが分かる。つまり、「対友人」の方がより積極的に発話権を取るのに対して、「対教師」の方が譲られた発話権を放棄することが多いということを意味している。

　以上のことから、日本語母語話者は相手の発話終了後にすぐに発話権を取らずに、あいづちを打つことによって発話権を相手に譲る傾向があると思われる。特に相手が目上の人である場合、この傾向はより顕著である。日本社会では年上や目上の相手には自分から主導しない傾向があると言われている。日本人の発話権交替も、まさにこの潜在的な社会ルールを反映しているのではないかと思われる。

6.1.2.2　中国語母語話者の使用状況

　続いて、パターン⑤⑥⑦⑧に関しての中国語母語話者の使用状況について考察する。まず、友人同士の会話に現れたあいづちは表6-9のとおりである。

表6-9　CC会話・相手の発話終了後にあいづちを打つ場合（対友人）

単位：回

分析対象	パターン⑤	パターン⑥	パターン⑦	パターン⑧	合計
CS 1	7	15	3	0	25
CS 2	8	10	3	0	21
CS 3	5	9	3	0	17
CS 4	7	12	2	0	21
CS 5	2	2	0	1	5
CS 6	7	14	3	0	24
CS 7	10	10	0	0	20
CS 8	8	13	2	1	24
CS 9	7	17	2	0	26
CS 10	6	10	1	0	17
合計	67	112	19	2	200
平均	6.7	11.2	1.9	0.2	20.0
割合	33.50%	56.00%	9.50%	1.00%	100.00%

　使用回数が最も多いのはパターン⑥の112回（56.00%）で、次に多いのは

第 6 章　あいづちの出現場所と発話権交替

パターン⑤の67回(33.50％)である。パターン⑦は19回(9.50％)で、パターン⑧は最も少なく、わずか2回(1.00％)である。

教師に対して用いたパターン⑤⑥⑦⑧の結果は表6-10にまとめた。パターン⑥が175回現れ(総数に占める割合は69.16％)、「発話終了」の中で最も使用頻度の高いパターンであることが表6-10から分かる。⑥に次いでパターン⑤の44回(17.40％)とパターン⑦の32回(12.65％)が続いている。パターン⑧がわずか2回(0.79％)で、使用が最も少なかった。

表6-10　CC会話・相手の発話終了後にあいづちを打つ場合(対教師)

単位：回

分析対象	パターン⑤	パターン⑥	パターン⑦	パターン⑧	合計
CS 1	6	17	3	0	26
CS 2	3	20	1	0	24
CS 3	1	22	3	0	26
CS 4	3	22	13	2	40
CS 5	3	6	4	0	13
CS 6	6	24	2	0	32
CS 7	4	31	2	0	37
CS 8	5	6	1	0	12
CS 9	5	12	3	0	20
CS 10	8	15	0	0	23
合計	44	175	32	2	253
平均	4.4	17.5	3.2	0.2	25.3
割合	17.40％	69.16％	12.65％	0.79％	100.00％

次に、「対友人」場面と「対教師」場面の使用状況を比較してみよう。両場面の使用割合に基づいて作成した比較図は次の図6-17のとおりである。

使用率の高い順で並べると、両場面ともにパターン⑥、パターン⑤、パターン⑦、パターン⑧となり、全体の傾向に関して両者が一致している。しかし、パターン別で使用率を比較してみると、両者の間に違いが見られるパターンがあることが分かる。以下、順に考察していこう。

まず、パターン⑤に関して、友人に対して33.50％使用されているのに対して、教師に対しては17.40％しか使用されておらず、友人場面の約2分の1となっている。友人同士の会話を見てみよう。

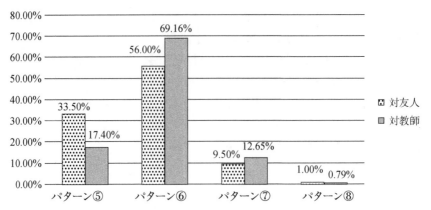

図6-17　発話終了後に現れたあいづちの「対友人」と「対教師」の比較(CC)

例6-27

　パターン⑤、アルバイトについての会話。CS7は中国人の大学院生。CF7は同じ店でアルバイトをしているCS7の中国人の友人、大学院生。

❶ CF7：反正第二天不管怎么样先把这个,昨天的钱先拿回来。
❷ CS7：哦—♯♯♯
❸ CF7：而且不可能天天,天天那个差呀。
❹ CS7：哦—♯。反正感觉一般反正星期三能有时候能忙一些反正,星期二、星期一星期二肯定是不行感觉。

＜例6-27　の日本語訳＞
❶ CF7：次の日は、それを先に、とりあえず昨日のお金を取り戻す。
❷ CS7：そうか♯♯♯
❸ CF7：毎日、毎日そんなに悪いわけではないし。
❹ CS7：うんー♯。だいたい水曜日はちょっと忙しいけど、火曜日、月、火はぜったいだめだっていう気がするんだよね。

　例6-27では、CS7が相手の話に対して、「哦ー」とあいづちを打ち、納得していることを表している。その後自然に発話権を取り、話をし始めた。CS7の次の「だいたい水曜日はちょっと忙しいけど、火曜日、月、火はぜったいだめだっていう気がするんだよね」という話は、相手の直前の「毎日そんなに悪いわけではない」という発話の具体的な解釈となり、内容的に連続性があるため、発話権交替がスムーズに行えたと言える。内容的には連続性のない新しい展開であっても、相手の直前の発話に対してあいづちを打つことは、相手の発話とのつながりを示すことになる。それは、無理なく話し手にな

第 6 章　あいづちの出現場所と発話権交替

るためのきっかけを作ることになり、話し手と聞き手の役割交替が円滑に行われると思われる。このようなことは相手を尊重することにもつながり、対人コミュニケーションがさらに円滑に行える。

次に、パターン⑥を見てみる。図 6-17 から「対友人」場面(平均 11.2 回、56.00％)より「対教師」場面(平均 17.5 回、69.16％)の方がより使用率が高いことが分かる。次の教師との会話例を見てみよう。

例 6-28

パターン⑥、教師 CT3 の仕事内容についての会話。CS3 は中国人の大学院生。CT3 は中国人の中国語教師。

❶ CT3：主要就是教外语, 教汉语, 就是, 就是教他们说话, 会话。
❷ CS3：　　　　　　啊♯一
❸ CS3：哦♯哦♯哦哦
❹ CT3：写, 写文章。
❺ CS3：　　就像△老师那样是吧。
❻ CT3：　　　　　　哎―但是, 对{♯}。然后就是―当然也有一个现代文学课, 是有的
　　　啦。哎。
❼ CS3：　　　　　　　　　　　　　　　　　　　　　　　　　　　　　嗯♯
❽ CS3：哦―♯♯对
❾ CT3：好, 那你呢, 你谈谈你自己的事情吧。

＜例 6-28 の日本語訳＞

❶ CT3：主に外国語、中国語を教えています。彼らに話すこと、会話を教えています。
❷ CS3：　　　　　あ♯一
❸ CS3：はい♯はい♯はいはい。
❹ CT3：後は作文とか。
❺ CS3：　　△先生みたいですか。
❻ CT3：　　　　　　えー、でも、そうですね{♯}。後はーもちろん現代文学の授業もあります。
❼ CS3：　うん♯
　　　CT3：はい。
❽ CS3：はいー♯♯そうですね
❾ CT3：はい、あなたは↗あなたのことを聞かせてくださいね。

例 6-28 では、CT3 は 6 で実質発話「もちろん現代文学の授業もあります」をした後に、「はい」を付けて、「私の話は以上で終了しますよ」というサインを

出し、発話権をCS3に譲った。しかし、CS3は8では「はい―そうですね」だけで発話を終了し、譲られた発話権に応じていなかった。そのため、CT3は9で「あなたは？ あなたのことを聞かせてくださいね」と明確に発話要求を出し、再び発話権をCS3に投げ出した。

　パターン⑤とパターン⑥の違いは、聞き手があいづちを打った後発話権を取るか取らないかにある。⑤は取るタイプで、⑥は取らないタイプである。相手が友人である際にパターン⑤をより多く使用しているのに対して、相手が教師である際にパターン⑥をより頻繁に使用しているという結果から、中国人は親しい友人と会話する場合には、相手の発話が終わった直後により積極的に発話権を取るが、教師と会話する場合においては発話権を取るのを控えている傾向があるようである。前述したように、パターン⑤と⑥に関して、日本人は「対友人」と「対教師」の使用率はほとんど同じであり、中国人のこのような傾向は見られなかった。

　次にパターン⑦について見てみる。友人より教師との会話の方が使用率がやや高い（12.65％＞9.50％）が、差はそれほど顕著ではない。例を見てみよう。

例 6-29
　パターン⑦、中国台湾の地理についての会話。CS4は中国北京出身の大学院生。CT4は中国台湾出身の中国語教師。
❶ CT4：如果说是南部的人要到东部的话,都会这样绕一圈。
❷ CS4：嗯――
❸ CT4：嗯――
❹ CS4：哦―是这样的。那么如果比如说您要是, 嗯―对, 我听说台湾地区有一个非常有名的, 比如说日月潭那种观光地什么的…

＜例 6-29　の日本語訳＞
❶ CT4：南部の人がもし東部に行くなら、こう遠まわりするしかないです。
❷ CS4：うん――
❸ CT4：うん――
❹ CS4：あーそうですか。そうするとたとえば、あっそういえば、台湾地域にとても有名なたとえば日月潭みたいな有名な観光地に…

　この例では、CS4がCT4の話を聞いた後に「嗯――」とあいづちを打った。それに対してCT4もあいづちを打ち、発話が終了したというサインを出した。そこでCS4は4のところであいづちを打った上で譲られた発話権を取

第 6 章　あいづちの出現場所と発話権交替

り、発話を開始した。

最後に、パターン⑧について考察する。図 6-17から、このパターンは、どちらにおいても使用が非常に少ないことが分かる。表 6-9と表 6-10によると、「対友人」ではCS5とCS8が1回ずつ、「対教師」ではCS4が2回使用している。友人同士の会話場面と学生と教師の会話場面の間には違いが見られなかった。例を見てみよう。

例 6-30

パターン⑧、先生の出身についての会話。CS4は中国北京出身の大学院生。CT4は中国台湾出身の中国語教師。
❶ CS4：那您家人是在这边还是——都在台湾呢↗
❷ CT4：对, 只有我一个人, 在这边。
❸ CS4：哦—＃＃＃
❹ CT4：嗯—
❺ CS4：哎—↷
❻ CT4：我和我先生。我先生是日本人。

<例 6-30 の日本語訳>
❶ CS4：ご家族はみんなこちらにいらっしゃいますか、それとも――台湾にいらっしゃいますか↗
❷ CT4：はい、私一人しかいないです、こちらに。
❸ CS4：あー＃＃＃
❹ CT4：うんー
❺ CS4：へえー↷
❻ CT4：私と主人。主人は日本人です。

例 6-30は、1の発話でCS4がCT4の出身地を聞いている→CT4はそれに答えるために2の発話で話し手になっている→聞き手になったCS4は答えを聞いた後に3で「分かった」ということを相手に伝えた→話し手であったCT4は続けて話をするのではなく、4のところであいづちだけで発話を終了した→CS4も発話権を放棄した→6でCT4は発話権を取った、という流れである。

以上のことから、「発話終了後」の中国人の使用特徴について、次のようにまとめることができる。

第一、相手の発話終了後にあいづちを打つ場合、話者交替は起こらず、発話権をそのまま相手に維持させることが多い。

第二、友人と会話する際に、相手の発話が終了した直後により積極的に発話権を取るが、教師と会話する場合では発話権を取るのを控えている。

6.1.2.3　中国人日本語学習者の使用状況

次に中国人学習者の使用状況について考察することにする。まず、日本人の友人との会話結果について見てみる。次の表6-11はその結果を示している。

表6-11　CJ会話・相手の発話終了後にあいづちを打つ場合（対友人）

単位：回

分析対象	パターン⑤	パターン⑥	パターン⑦	パターン⑧	合計
CS1	6	10	2	6	24
CS2	4	7	1	2	14
CS3	9	12	18	4	43
CS4	3	7	4	0	14
CS5	7	11	3	1	22
CS6	2	3	12	2	19
CS7	2	7	3	2	14
CS8	11	3	1	0	15
CS9	2	1	0	2	5
CS10	6	15	3	0	24
合計	52	76	47	19	194
平均	5.2	7.6	4.7	1.9	19.4
割合	26.80％	39.17％	24.23％	9.80％	100.00％

話し手の話が終わった後にあいづちが打たれるのが194例観察された。そのうち、パターン⑥が76例（39.17％）で、最も多かった。続いてパターン⑤が52例（26.80％）、パターン⑦が47例（24.23％）、パターン⑧が19例（9.80％）である。4パターンの間の差はJJ・CCほど激しくない。

続いて、教師との会話場面の使用状況について考察しよう。結果は表6-12のとおりである。

表6-12　CJ会話・相手の発話終了後にあいづちを打つ場合（対教師）

単位：回

分析対象	パターン⑤	パターン⑥	パターン⑦	パターン⑧	合計
CS1	1	23	4	3	31
CS2	3	6	1	0	10
CS3	3	3	2	0	8

第 6 章 あいづちの出現場所と発話権交替

続 表

分析対象	パターン⑤	パターン⑥	パターン⑦	パターン⑧	合計
CS4	0	7	0	0	7
CS5	2	13	2	2	19
CS6	3	21	7	7	38
CS7	3	15	1	0	19
CS8	1	0	0	0	1
CS9	3	6	2	0	11
CS10	5	3	1	0	9
合計	24	97	20	12	153
平均	2.4	9.7	2.0	1.2	15.3
割合	15.69％	63.40％	13.07％	7.84％	100.00％

　パターン⑥が97例現れ、総数153例の63.40％を占めており、圧倒的に多かった。残りはパターン⑤が24例(15.69％)、パターン⑦が20例(13.07％)、パターン⑧が12例(7.84％)で、この3パターンの間には差がほとんどない。
　「対友人」と「対教師」のパターン別の使用割合を図で示すと、次の図6-18のようになる。

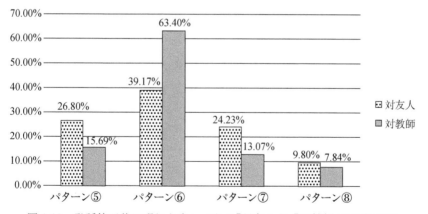

図6-18　発話終了後に現れたあいづちの「対友人」と「対教師」の比較(CJ)

　使用頻度の高い順に並べると、「パターン⑥→パターン⑤→パターン⑦→パターン⑧」となる。これは両者に共通しており、「対友人」と「対教師」の間には違いがない。しかし、パターンごとに細かく考察してみると、パターン⑧以外、他の3パターンにおいて違いがあることが分かる。以下では、パターン⑤⑥⑦⑧を、例を見ながら順に分析していく。

例 6-31

　パターン⑤、自動車学校についての会話。CS8は学習者、大学院生。JF8はCS8の日本人の友人、大学生。

❶ JF8：僕も一回注意された。
❷ CS8：うん＃＃
❸ JF8：もっと左に寄れと。
❹ CS8：＃
❺ JF8：ついつい右にやっちゃうよ、中央に。
❻ CS8：あそう＃そうそう。まあ基本的に中央、あのなんかこの道路の真ん中くらいでいいよ。

　例6-31はパターン⑤の例である。この例では、JF8の話に対して、CS8はあいづち「あそうそうそう」によって「賛成・同意」の意を示している。その後、CS8は「まあ基本的に中央、あのなんかこの道路の真ん中くらいでいいよ」と実質発話を始めた。これはあいづちを打った上でスムーズに発話権を取るタイプである。本調査において、接触場面の会話で、このパターンのあいづちは、「対教師」(15.69％)より「対友人」(26.80％)の方がより多く用いられているという結果が得られた。つまり、友人と会話する場合において、相手の話が終わった後直ちに発話権を取ることが多い。これは中国語母語会話CCの分析結果と同様である。

　パターン⑥は次のように使用されている。

例 6-32

　パターン⑥、二人はおみやげについて話している。CS1は中国人の大学院生。JT1は日本人教師。

❶ JT1：お誕生日なんかにプレゼントを買うときはあるんですよ。
❷ CS1：＃、うん＃
❸ JT1：でもお土産って、日本でね、よく、ことわざ知ってます↗

　上の会話では、JT1の提供した情報に対して、CS1は「うん＃」によって「わかりました」ということを示している。このあいづちは、情報獲得の表明であると同時に、発話権放棄のシグナルでもある。その反応を得て、JT1は次の話題を探し、発話を続ける。パターン⑥の使用率を比較すると、「対友人」(39.17％)と「対教師」(63.40％)の間に差がはっきりと現れている。相手が教師である場合の方がより多く現れているということは、教師の話が終わ

第 6 章　あいづちの出現場所と発話権交替

った後に発話権交替をせずに、主導権をそのまま教師に握ってもらう傾向があることを表している。

次にパターン⑦について見てみる。「対友人」では24.23％の使用が見られ、「対教師」の13.07％と比べると、約倍となる。被験者10人中9人に使用が観察された。そのうち最も頻繁と見られる人はCS3で、18回使っている。発話権の行方を追ってみると、このパターンでは、聞き手に一回放棄され、元の話し手に戻って行ったが、話し手にも放棄された。再び譲られると、聞き手が引き受けた。例を見てみよう。

例 6-33
　パターン⑦、卒業式についての会話。CS6は学習者、大学院生。JF6はCS6の日本人の友人、大学院生。
❶ JF6：卒業式は3月の22にある。
❷ CS6：あ3月の22。
❸ JF6：うん
❹ CS6：えー↗えー↗えー↗なんか締め切りは、3月だと思ってた。違う、僕の締め切りもたぶん6月にあるかも。

上の例6-33では、CS6が「あ3月の22」と相手の発話を繰り返している。それに対して、JF6は「うん」とあいづちを打ち、発話権を放棄した。この後、CS6は「えー↗」を3回繰り返して、驚きの感情を表出した後、発話権を取り、会話を展開させていく。これは教師との会話より友人との会話により多く見られ、中国語母語話者同士の会話CCにも見られた。

最後にパターン⑧について考察する。4パターン中使用が最も少ないこと、及び「対友人」と「対教師」の間にほとんど差がないことが図6-18から分かる。パターン⑧の例を見てみよう。

例 6-34
　パターン⑧、二人は食事についての話をしている。CS1は中国人の大学院生。JF1はCS1の同大学院の友人。
❶ JF1：外で食べても安いから。
❷ CS1：そう＃そう＃安い
❸ JF1：＃
❹ CS1：うん＃
❺ JF1：ねー→お母さんのお弁当とかないの↗

JF1の1の発話に対して、CS1は2で「そうそう安い」と同意の信号を出している。その後の3、4では二人ともあいづちだけで発話を終了し、誰も発話権を取らなかった。そこでJF1は5のところで発話権を取り、「お母さんのお弁当とかないの↗」と新しい話題を出している。

「発話終了後」の学習者の特徴をまとめると、友人に対してはあいづちを打って発話権を取ることが多いが、教師に対しては発話権を相手に譲ることが多い。目上の人と話している場合において、積極的に発話するのを避ける傾向にあるようである。

6.1.2.4　発話権交替の角度からの三者比較

以上、相手の発話終了後に現れたあいづちについて、JJ・CC・CJの使用実態をそれぞれ考察してきた。これまで話し手であった人の発話が終了したということは、次に聞き手であった人が発話権を取っても違和感がないため、取るか取らないかは人によって異なる傾向が見られる。あいづちが打たれた後の発話権の行方についてはこれまでに少し触れたが、ここでJJ、CC、CJの三者を比較しながら整理していくことにする。

106頁の図6-10から分かるように、パターン⑤とパターン⑦は聞き手が発話権を取り、話者交替が行われるタイプである。⑤と⑦を合わせて、以下「発話権取得」と略す。反対に、パターン⑥とパターン⑧は聞き手が発話権を取らず、話者交替が行われていないタイプである。以下⑥と⑧を合わせて「発話権放棄」と略す。JJ・CC・CJのそれぞれの使用割合を出してみると、その結果は図6-19のとおりである。

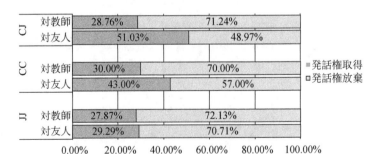

図6-19　あいづちが打たれた後の発話権の移行に関する比較図

まず、共通点からみると、以下のようなことが分かる。全体の方向に関しては、三者が一致している。つまり、CJの「対友人」以外、どちらも「発話権取得」より「発話権放棄」の方が割合が高い。このことから、相手の発話終了後

第 6 章　あいづちの出現場所と発話権交替

にあいづちを打つ場合は、発話権を取る意思があまりないことが分かる。

　一方、相違点について見てみると、JJが「対友人」と「対教師」の間にほとんど差がないことに対して、CCとCJは「対友人」ではより積極的に発話権を取り、「対教師」では発話権を放棄する傾向があるため、CJはCCの使用実態に近いと言えるだろう。

6.2　分析対象者が発話権を握っている場合

　これまで見てきたパターン①〜⑧は、発話権が最初に相手のところにあったものであるが、これから分析しようとするパターン⑨〜⑫は発話権が被験者に持たれていたケースである。分析対象者の立場から見ると、パターン①〜⑧は聞き手としてあいづちを打つ立場で、パターン⑨〜⑫は発話権を持っており、話を進めている立場である。相手のあいづちを得られた後、話し手はそのまま発話権を維持して話を進めていくか、あるいは発話権を放棄するか、と大きく2つの展開型に分けられる。発話権を放棄する場合は、さらに3つに下位分類ができる。これらの展開型を図で示すと次の図 6-20 のようになる。

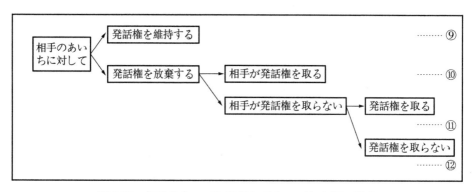

図 6-20　相手のあいづちに対してあいづちを打つ場合

⑨ 話し手は聞き手のあいづちに対してあいづちを打った後、そのまま発話権を維持し、話を続ける。
⑩ 話し手は聞き手のあいづちに対してあいづちを打ち、発話権を放棄する。その後聞き手が発話権を取る。
⑪ 聞き手のあいづちに対して話し手もあいづちを打ち、発話権を放棄したが、その後聞き手が発話権を取らなかったため、話し手であった人はまた発話権を取る。

⑫ 聞き手のあいづちに対して話し手もあいづちを打ち、発話権を放棄したが、その後聞き手が発話権を取らずに返した。しかし、話し手も発話権を取る意思がなく、あいづちだけで発話を終了する。

以下では、パターン⑨～パターン⑫について、それぞれの例を見ながら詳しく考察していく。

● **パターン⑨**

図 6-21　パターン⑨

例 6-35

車の運転についての会話。CS8は中国人の学習者、大学院生。JF8はCS8と一緒にアルバイトをしている日本人の友人、大学生。

❶ CS8：たぶんね、なんか、グリーンロードのその道路を見たら僕はあーこういう道路で走りたくない。なぜ、例えばね、左側にもう4車線5車線とかある。
❷ JF8：あ～～広いね。
❸ CS8：うん。で、じゃ俺は右折、右折したい時もうどんどんどんどん右になんか進路変更しなきゃいけないじゃないですか。そんな車多いしどうやって進路変更、変えたら…

⑨は、発話権を持っている話し手が、聞き手のあいづちに対して自らもあいづちを打ち、話を継続するパターンである。その実例6-34では、話し手CS8は聞き手JF8の「あ～～広いね」という反応に対して、自らも「うん」とあいづちを打ち、話を進めていく。このように、発話権を握っている話者が相手のあいづちに対して次の実質発話を開始する前に打つあいづちは、相手に対しての配慮表現であるが、発話権を維持するシグナルでもあると考えられる。

● **パターン⑩**

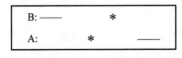

図 6-22　パターン⑩

第 6 章　あいづちの出現場所と発話権交替

例 6-36
　CS4が現在の大学に入るきっかけについての会話。CS4は中国人の学習者、大学院生。JT4は日本人の教師。

❶ CS4：卒業―まだしてないので、ちょっとこっちにはちょっと、受け取りはしにくいなあっていう感じがするから。
❷ JT4：あそうなんだ
❸ CS4：はい＃＃＃
❹ JT4：じゃ、そこわたくし、名古屋△大がわたくしりつって分かって、お金がかかると思ったわけよね。

　例 6-36では、話し手であったCS4は相手の反応を得た後、自分もあいづちを打って、発話権を相手に譲った。それを受け止めて、JT4は発話を始める。このパターンの会話場面において、発話権交替はスムーズに行われる。

● パターン⑪

図 6-23　パターン⑪

例 6-37
　CS4の日本滞在期間についての会話。CS4は中国人の学習者、大学院生。JT4は日本人の教師。

❶ CS4：もう3年目です。
❷ JT4：3年目
❸ CS4：はい＃
❹ JT4：あっそうなんだ
❺ CS4：＃＃もう2年は過ぎてしまいました。

　この例 6-37では、まず聞き手JT4は「3年目」と話し手CS4の発話を繰り返すことによって、伝えられた情報への了解を示した。その後、話し手であったCS4は「はい＃」とあいづち的な発話をし、発話権をJT4に譲った。しかし、JT4の次の発話は「あっそうなんだ」だけで終わり、発話権の交替を辞退した。それを受け止めて、CS4はうなずいてから、「もう2年は過ぎてしまいました」と更なる情報を提供し始めた。この場面では次にどちらかが話し始めるまで、互いにあいづちを打ち続けているが、発話権交替は行われていない。

図6-24　パターン⑪′

例6-38

　CS4が現在の大学に入るきっかけについての会話。CS4は中国人の学習者、大学院生。JT4は日本人の教師。

❶ CS4：最初はやっぱり私立大学とか、そういうのはだれ、どこでも書いてないので—、
❷ JT4：あーま書いてないですよね。
❸ CS4：そうそう
❹ JT4：あーそうかそうか
❺ CS4：あの—調べたところは、やっぱり、私は大学3年生のときに…

　⑪′は⑪と同じく、話し手が聞き手に発話権を譲ったが、相手が取ってくれないため、再び発話を開始するパターンである。再度発話権を取る前にあいづちを打っていないという点においては、⑪と異なるところである。

● **パターン⑫**

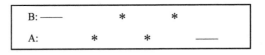

図6-25　パターン⑫

例6-39

　中国人の性格についての会話。CS10は中国人の学習者、大学生。JF10はCS10の日本人の友人、クラスメート。

❶ CS10：シャイな人もいれば、でも日本人と比べるとたぶん、ちょっと積極的かもしれない。
❷ JF10：あー
❸ CS10：うん♯
❹ JF10：そうだいたい多いね
❺ CS10：うん♯
❻ JF10：やっぱ初対面から、積極的になる人は少ないと思うね。

　パターン⑫は次の発話が始まるまで、会話参加者が互いにあいづちを繰り返している場面である。この場面で使用されるあいづちは、自分の発話権を譲り、発話権放棄のシグナルとして用いられるものである。また、次に

第 6 章　あいづちの出現場所と発話権交替

どちらかが話し始めるまで余韻のように続けられるもので、「間を持たせる」機能も持っていると考えられる。つまり、「発話権放棄」と「間を持たせる」の両方の機能を同時に担っている。

「間を持たせる」という機能のあいづちについて、喜多(1996)は、あいづちはあいづちを呼ぶ傾向があり、「内容のない」あいづちを打つことで交代のリズムを保つことになっていると指摘している。

本調査において、あいづちのやり取りが最も多い場面は次のようになっている。

例 6-40

JT5の日本語教師として鄭州での仕事についての会話。CS5は中国人の学習者、大学院生。JT5は日本人の教師。

❶ JT5：あのー鄭州の先生と仲がよくて、でその先生が、あのー紹介してくれたんです。
❷ CS5：　　　　　　　　　　　　　あ♯、なるほど。
❸ JT5：あのー鄭州で日本語{♯♯}、教える人、必要としていて、で行きませんかと言われて、3年間、行きました。
❹ CS5：　　　　　　　　　　　　　　　　　　　　　あ♯そうなんですか。
❺ CS5：あっ、日本語の先生としてそこに行きました。
❻ JT5：　　　　　　　　　　　　　はい、はい。そうです。
❼ CS5：分かりました。
❽ JT5：うんー、うん
❾ CS5：　はい♯
❿ CS5：あー
⓫ JT5：♯♯
⓬ CS5：そうですか
⓭ JT5：うん
⓮ CS5：でも西安とやっぱり近いですよね。

JT5の提供した情報に対して、聞き手のCS5は「分かりました」とあいづち的な発話をし、「そこまで分かりました。次をどうぞ」と促す合図を出した。それに対してJT5は「うんー、うん」と反応し、「もう私の話はこれで終わりだ」という意思表明のシグナルを送った。しかし、CS5は「あー」とあいづちを打って、ターンを取らずに発話権をまたJT5に譲った。その後二人とも発話権を取る意思がなく、発話権を譲り合っている。結局CS5が「でも西安とやっぱり近いですよね」と発話権を取る。この場面ではあいづちが6回現

129

れ、「発話権放棄」と「間を持たせる」の2つの機能を兼ねている。このようなあいづちが何回も連続で現れる現象を郭(2003:55)では「あいづちだけでターンを成すもの」と呼び、次のように述べている。

> 話がうまく進まず停滞ぎみの場合、黙ってしまうと参加者は互いに気まずくなる。また、黙ったまま長時間がたつと談話を再開しづらくなる。この場合、相手に特定の意味を伝えることがなくても、長い沈黙を避ける努力として互いにあいづちを打つと、参加者はリズムを作ることができる。こうしたあいづち的表現によって、人間関係を大事にしていることを示すことができる。

以上、パターン⑨～パターン⑫について実例を見ながら説明してきた。以下、この4つのパターンに関して、日本語母語話者、中国語母語話者、日本語学習者はそれぞれどのように使用しているかということについて考察していく。

6.2.1 日本語母語話者の使用状況

まず、相手が友人である場合の日本語母語話者の使用状況について見てみる。次の表6-13はその結果を表すものである。

表6-13　JJ会話・相手のあいづちに対するあいづち（対友人）

単位:回

分析対象	パターン⑨	パターン⑩	パターン⑪	パターン⑫	合計
JS1	2	9	5	0	16
JS2	1	20	6	2	29
JS3	8	17	0	0	25
JS4	3	6	4	1	14
JS5	2	9	0	0	11
JS6	5	9	0	0	14
JS7	1	2	0	0	3
JS8	2	0	0	0	2
JS9	1	4	0	0	5
合計	25	76	15	3	119
平均	2.8	8.4	1.7	0.3	13.2
割合	21.00%	63.87%	12.61%	2.52%	100.00%

第 6 章 あいづちの出現場所と発話権交替

この類型のあいづちが計 119 回の使用が見られる。そのうち、パターン⑩が 76 回 (63.87％) 現れ、4 種類中最も頻繁に使用されるタイプであることが分かる。続いてパターン⑨が 25 回、パターン⑪が 15 回、総数に占める割合はそれぞれ 21.00％と 12.61％である。パターン⑫の使用回数がわずか 3 回 (2.52％) で、4 パターン中最も少ないものとなっている。

表 6-14 は相手が教師である場合の結果をまとめたものである。表 6-14 から分かるように、総数 168 回のうち、最も多いのはパターン⑩の 101 回 (60.12％) で、総数の大半を占めている。回数の多い順に並べると、パターン⑨の 48 回 (28.57％)、パターン⑪の 11 回 (6.55％)、パターン⑫の 8 回 (4.76％) という結果になっている。この「⑩→⑨→⑪→⑫」という降順配列は、友人に対しての会話場面の結果と同じである。

表 6-14　JJ 会話・相手のあいづちに対するあいづち (対教師)　　単位:回

分析対象	パターン⑨	パターン⑩	パターン⑪	パターン⑫	合計
JS1	3	9	1	1	14
JS2	5	8	0	1	14
JS3	14	31	4	3	52
JS4	7	29	1	1	38
JS5	3	4	1	1	9
JS6	5	2	3	0	10
JS7	5	3	0	0	8
JS8	1	4	1	0	6
JS9	5	11	0	1	17
合計	48	101	11	8	168
平均	5.3	11.2	1.2	0.9	18.7
割合	28.57％	60.12％	6.55％	4.76％	100.00％

では、「対友人」と「対教師」の割合を図式化にして、二者を比較してみよう。

両場面ともにパターン⑩の使用が全体の 6 割以上を占めており、圧倒的に多いことが図 6-26 から分かる。これは会話参加者の二人が発話権を譲り合うことによってあいづち連鎖が一回起こり、その後聞き手であった人が発話権を取り、話者交替がスムーズに行われるタイプである。コミュニケーションを円滑に行うための理想的な交替型なのではないかと思われる。では、実例を見てみよう。

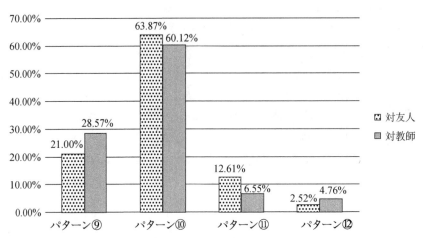

図 6-26　あいづちに対するあいづちの「対友人」と「対教師」の比較(JJ)

例 6-41

　　パターン⑩、ある先生の引越しについての友人同士の会話。JS2とJF2は、二人とも大学院生。

❶ JS2：あーでもちょっと前から探してたよね。
❷ JF2：あっ、そうなんだ
❸ JS2：うん♯♯
❹ JF2：だからか。そう、でね、家買うっていったら、もうそこにあの年だったら一生住むって感じ、じゃない↗

　　この例 6-41では、1JS2の「ちょっと前から探してた」という話を聞き、新たな情報を得たJF2は2で「あっ、そうなんだ」によって「分かった」ということを表現している。JF2のそのあいづちに対して、JS2は3で「うん」と反応を出し、発話権を放棄した。続いてJF2は4のところで発話権を取り、「だからか。そう、でね、家買うっていったら、もうそこにあの年だったら一生住むって感じ、じゃない↗」という話をした。話者交替が無理なくスムーズにできたという印象が与えられる。
　　⑩に次いで、パターン⑨が「対友人」場面でも「対教師」場面でも多く観察されている。パターン⑨は次のように使われている。

例 6-42

　　パターン⑨、大学院生であるJS3が、初対面の日本人の教師JT3に自己紹介をしているところの会話。

第6章 あいづちの出現場所と発話権交替

❶ JS3：四月に、入学しました。あの、ここの大学の学部からずっと。
❷ JT3：あ、なるほどー。
❸ JS3：はい。で、そのまま上がって。

　例6-42では、JS3の1の発話を聞いて、JT3は「あ、なるほどー」とあいづちを打ち、「分かりました」ということを表している。相手のその反応を得て、JS3は「はい」とあいづちを打った上で、「で、そのまま上がって」と話を続けていく。3で仮に話し手があいづちを打たずに実質発話を続けたとしてもおかしくないが、このように相手のあいづちに対してまた反応を出すことによって、相手を尊重している、または対人関係を大事にしていることを示すことができると思われる。パターン⑨の使用率を見てみると、「対友人」では21.00％（平均2.8回）、「対教師」では28.57％（平均5.3回）、友人より教師に対してより多く使用していることが分かる。このことは、目上の相手の反応を大切にし、より丁寧に話そうとする態度の現れではないかと考えられる。
　次に、パターン⑪について見てみよう。例6-43はその会話例である。

例6-43
　パターン⑪、二人はある先生について話している。JS1とJF1は同じコースに通っている日本人の大学院生。
❶ JS1：で、また違うときに会ったらすごい挨拶してくれたから、この前の人違ったのかなあ。わかんないけど。
❷ JF1：へーーー＃＃＃＃
❸ JS1：＃＃＃うんー
❹ JF1：そうかあ
❺ JS1：そう。韓国で何食べたの↗

　あいづち連鎖が2、3、4のところで3回起こった。JF1が発話権を取る意思がないということが分かり、JS1は5であいづちを打った後で新しい話題を見つけ、韓国で教育実習を受けてきたJF1に「韓国で何食べたの↗」と質問した。1と5を見れば分かるように、発話権は終始JS1のところにあり、話者交替は行われていない。
　最後に、パターン⑫について考察する。例を見てみよう。

例6-44
　パターン⑫、ベトナム人の日本語発音についての会話。JS3は日本人の大学院生。JT3

133

は日本語の教師。
- ❶ JS3：まっすぐがなかなかできない。
- ❷ JT3：ふ～ん↗
- ❸ JS3：はい♯
- ❹ JT3：なるほどー
- ❺ JS3：♯♯
- ❻ JT3：苦手な音とかってあるんですか。

　この例6-44では、1のJS3の発話が終わった後に、2、3、4、5のところであいづちが4回連続して現れた。2～5でJT3とJS3はどちらも発話権を取っていない。その後の6で聞き手であったJT3はようやく発話権を取り、「苦手な音とかってあるんですか」と新しい話題を探し出し、会話を次のステップに持っていった。このパターンは話者交替が行われる。

　以上のことをまとめると、相手のあいづちに対して、話し手である人はそのまま発話権を維持して話を進めていってもよいし、発話権を相手に譲ってもよい状況において、日本語母語話者にはあいづちによって発話権を相手に譲る傾向がある。それで聞き手であった人は譲られた発話権を受けて、話し手となり、話者交替が滑らかに行われる。また、対人関係を大事にする日本母語話者は、発話権を維持する場合でも、聞き手のあいづちに対して肯定などの反応をしてから次へ進めていくことが多く、特に相手が目上の人である場合、この傾向が一層顕著である。

6.2.2　中国語母語話者の使用状況

　続いて中国語母語話者の使用状況について分析しよう。まず友人同士の会話場面から見ていく。表6-15はその結果をまとめたものである。

表6-15　CC会話・相手のあいづちに対するあいづち（対友人）

単位：回

分析対象	パターン⑨	パターン⑩	パターン⑪	パターン⑫	合計
CS1	1	7	1	0	9
CS2	6	2	2	0	10
CS3	2	1	0	0	3
CS4	1	4	0	0	5
CS5	1	2	0	0	3

第 6 章 あいづちの出現場所と発話権交替

続 表

分析対象	パターン⑨	パターン⑩	パターン⑪	パターン⑫	合計
CS6	0	2	0	0	2
CS7	1	0	0	0	1
CS8	2	3	0	0	5
CS9	1	3	0	0	4
CS10	0	1	0	0	1
合計	15	25	3	0	43
平均	1.5	2.5	0.3	0.0	4.3
割合	34.88％	58.14％	6.98％	0.00％	100.00％

　友人同士の会話の結果を見てみると、総数43回のうち、パターン⑨が15回(34.88％)、パターン⑩が25回(58.14％)、パターン⑪が3回(6.98％)出現した。パターン⑫の使用は1回も観察されなかった。使用の多い順に並べると、「⑩→⑨→⑪→⑫」となる。

　次に、話し相手が初対面の教師である場合の使用結果を見てみる。表6-16はその結果を表すものである。

表6-16　CC会話・相手のあいづちに対するあいづち(対教師)

単位:回

分析対象	パターン⑨	パターン⑩	パターン⑪	パターン⑫	合計
CS1	1	5	4	0	10
CS2	3	7	2	1	13
CS3	1	6	3	0	10
CS4	11	10	4	0	25
CS5	4	13	3	1	21
CS6	10	7	1	0	18
CS7	3	6	1	0	10
CS8	6	5	0	0	11
CS9	0	0	1	1	2
CS10	3	2	0	0	5
合計	42	61	19	3	125
平均	4.2	6.1	1.9	0.3	12.5
割合	33.60％	48.80％	15.20％	2.40％	100.00％

135

教師との会話場面において、パターン⑨が42回（33.60％）、パターン⑩が61回（48.80％）、パターン⑪が19回（15.20％）、パターン⑫が3回（2.40％）、計125回の使用が現れた。割合の高い順に並べると、「⑩→⑨→⑪→⑫」となり、友人との会話場面と同様である。

それでは、両場面の結果にどんな相違点があるかについて見てみよう。次の図6-27は「対友人」と「対教師」の使用割合をもとに作成したものである。

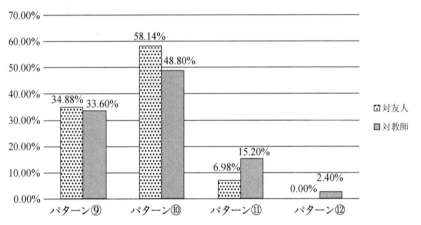

図6-27　あいづちに対するあいづちの「対友人」と「対教師」の比較（CC）

図6-27から、パターン⑩の使用率は、「対友人」が58.14％、「対教師」が48.80％であり、「対友人」と「対教師」のどちらにおいても最も高い割合を占めていることが分かる。では、パターン⑩の使用例を見てみよう。

例6-45

　パターン⑩、CS5の将来の仕事についての会話。CS5は中国人の大学院生。CT5は中国人の中国語教師。

❶ CS5：他们有的就是我们一块大学毕业了就留在西安工作也,也蛮多的。
❷ CT5：是吧
❸ CS5：嗯＃＃＃
❹ CT5：西安好地方我去过,恩—。

＜例6-45　の日本語訳＞
❶ CS5：クラスメートの中に、大学卒業後そのまま西安で仕事している人が何人かいます。
❷ CT5：そうですか
❸ CS5：うん＃＃＃
❹ CT5：西安はいいところですね、私は行ったことありますよ、うーん。

第 6 章　あいづちの出現場所と発話権交替

　この例 6-45 では、話し手である CS5 は、相手のあいづち「是吧」に対して、「嗯」というあいづちを打ち、自分の話はこれで終了したという信号を出した。それを受け止めて、聞き手であった CT5 は譲られた発話権を取り、「西安好地方我去过」と、新しい話題を出している。発話権の交替が円滑に行われていると見られるこのパターンを多用しているという結果は、日本語母語話者に共通している。

　次に多いのはパターン⑨である。「対友人」では34.88％、「対教師」では33.60％で、両者の間にほとんど差がない。例を見てみよう。

例 6-46
　パターン⑨、二人は CS2 の彼氏についての話をしている。CS2 と CF2 は同じ大学院に通っている中国人の友人同士。
❶ CS2：他在"meijyo",在名城。
❷ CF2：啊在名城大啊。
❸ CS2：嗯。所以我们家住在那旁边儿的。

＜例 6-46 の日本語訳＞
❶ CS2：彼はめいじょう、名城。
❷ CF2：あー名城大なんだ。
❸ CS2：うん。だからその近くに住んでる。

　例 6-46 では、聞き手 CF2 が繰り返しによって「分かった」ということを表明している。それに対して、話し手 CS2 が「うん」というあいづちを打ち、話を続けている。CS2 は発話権を維持している。
　日本語母語話者と比べてみると、中国語母語話者はこのパターンをより多く使用していることが明らかになった(JJでは「対友人」と「対教師」の使用率はそれぞれ21.00％と28.57％である)。一方、パターン⑩に関しては、日本語母語話者より中国語母語話者の方が使用が少ない(JJでは、それぞれ63.87％と60.12％。CCではそれぞれ58.14％と48.80％)。パターン⑨とパターン⑩の根本的な違いは、話し手の立場から見ると、前者が発話権を維持するもので、後者は発話権を放棄するものである。以上のことから、日本語母語話者は発話権を相手に譲る傾向があるのに対して、中国語母語話者は発話権を維持する傾向があると言える。
　続いてパターン⑪について考察しよう。使用率を見てみると、「対友人」では6.98％、「対教師」では15.20％で、両者の間に違いがはっきり見られる。

また、一人一人の使用結果を見てみると、「対友人」では使用が見られる被験者はCS1とCS2の2人しかないが、「対教師」ではCS8とCS10以外の8人全てに使用が観察された。その8人のうち、使用が最も多いのはCS1とCS4で、4回ずつ用いている。次のCS1と教師との会話を見てみよう。

例6-47
　パターン⑪、二人は結婚についての話をしている。CS1は中国人の大学院生。CT1は中国人の中国語教師。
❶ CS1：我没有结婚呢，还。
❷ CT1：哦独身。
❸ CS1：嗯
❹ CT1：嗯——
❺ CS1：我现在还上学呢，要是结婚太麻烦，现在毕业之后再，再考虑结婚的事儿也不晚。

＜例6-47　の日本語訳＞
❶ CS1：私は結婚してないですよ、まだ。
❷ CT1：あ独身だね。
❸ CS1：うん
❹ CT1：うんーー
❺ CS1：まだ卒業してないから、結婚するのが面倒くさいですね。卒業してから結婚のことを考えてもいいかなと思います。

　聞き手CT1は話し手CS1の「結婚していない」という話し内容を「独身」と言い換えている。それに対してCS1は「うん」と肯定の反応を示した。CS1のその反応に対して、今度CT1は「うんーー」とあいづちを打ち、その情報について「分かった」ということを表している。こうしてあいづちが3回続いた後、5のところでCS1は発話権を取り、自分が結婚していないという話をさらに展開させている。1から5の間にあいづちが3回挟まれているが、結局話し手CS1は発話権を維持し、話者交替は行われていない。このパターンのあいづちは、「対友人」より「対教師」の方がより多く現れている。それは、相手が親しい友人である場合、互いによく知っていて話題も多いため、譲られた発話権をすぐに取ることができるが、一方初対面の教師の場合は、次の話題を探すのに時間がかかるため、発話権を相手に返してしまうことが多いと考えられる。
　最後に、使用が最も少なかったパターン⑫について見てみよう。教師に

第 6 章　あいづちの出現場所と発話権交替

対して2.40％使用されているが、友人に対しては使用が全く見られなかった。教師に対して使用が見られたのはCS2、CS5、CS9の1回ずつで、次の例6-48はそのうちの一つの会話例である。

例 6-48
　パターン⑫、CS5はなぜ日本で就職しないかということについて話している。
❶ CS5：怎么都觉得有点儿怪(笑)。
❷ CT5：是吧
❸ CS5：嗯
❹ CT5：嗯—
❺ CS5：嗯
❻ CT5：来日本几年了↗

＜例 6-48　の日本語訳＞
❶ CS5：なんとなくおかしいと思います(笑)。
❷ CT5：そうですか
❸ CS5：うん
❹ CT5：うん—
❺ CS5：うん
❻ CT5：日本に来てもうどのくらいですか↗

　例6-48では、2から5まであいづちが4回現れ、聞き手であったCT5は6のところで発話権を取って話し手となっている。話者交替が行われた。
　以上の分析から、中国語母語話者の使用について以下のようにまとめることができる。使用率の高い順に並べると「⑩→⑨→⑪→⑫」となり、日本語母語話者の結果と共通している。しかし、細かく見てみると、日本語母語話者はあいづちに対してさらにあいづちを打った後、発話権を相手に譲ることが多く、話者交替がスムーズに行われる傾向があるのに対して、中国語母語話者はこの場合では発話権を維持する傾向がある。

6.2.3　中国人日本語学習者の使用状況

　最後に、中国語を母語とする学習者の使用実態を明らかにする。まず、友人同士の会話に現れたこの4つのパターンの使用結果について見てみる。それぞれの使用回数を表にまとめると、次の表6-17のようになる。

表 6-17　CJ 会話・相手のあいづちに対するあいづち（対友人）

単位：回

分析対象	パターン⑨	パターン⑩	パターン⑪	パターン⑫	合計
CS1	4	20	0	0	24
CS2	4	4	0	0	8
CS3	0	9	3	0	12
CS4	3	1	1	0	5
CS5	5	3	5	2	15
CS6	4	6	2	0	12
CS7	7	7	2	5	21
CS8	16	4	0	0	20
CS9	3	5	6	0	14
CS10	2	1	1	1	5
合計	48	60	20	8	136
平均	4.8	6.0	2.0	0.8	13.6
割合	35.29％	44.12％	14.71％	5.88％	100.00％

　パターン⑨が48回(35.29％)、パターン⑩が60回(44.12％)、パターン⑪が20回(14.71％)、パターン⑫が8回(5.88％)、合わせて136回の使用が観察された。パターン⑩は被験者全員に使用が見られ、平均すると6.0回となり、最も使用頻度の高いパターンであることが分かる。

　一方、教師と会話する場合において、表6-18で示されているように、各パターンの使用頻度は、パターン⑨が40回(24.24％)、パターン⑩が101回(61.21％)、パターン⑪が17回(10.31％)、パターン⑫が7回(4.24％)、合わせて165回である。パターン⑩は平均10.1回使用され、最も出現頻度の高いパターンである。それに対して、パターン⑫の平均使用回数はわずか0.7回で、最も頻度の低いものであることが分かる。

表 6-18　CJ 会話・相手のあいづちに対するあいづち（対教師）

単位：回

分析対象	パターン⑨	パターン⑩	パターン⑪	パターン⑫	合計
CS1	5	20	2	4	31
CS2	6	4	0	0	10
CS3	0	4	0	0	4
CS4	4	16	6	0	26
CS5	4	12	4	1	21

第6章　あいづちの出現場所と発話権交替

続　表

分析対象	パターン⑨	パターン⑩	パターン⑪	パターン⑫	合計
CS6	0	8	0	0	8
CS7	3	14	1	1	19
CS8	4	6	2	0	12
CS9	8	6	0	0	14
CS10	6	11	2	1	20
合計	40	101	17	7	165
平均	4.0	10.1	1.7	0.7	16.5
割合	24.24％	61.21％	10.31％	4.24％	100.00％

「対友人」と「対教師」の二つの会話場面の使用結果を比較するため、次の図6-28を作成した。

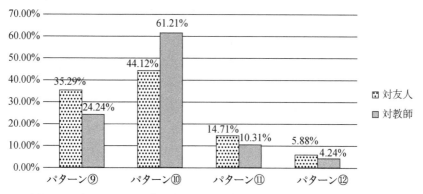

図6-28　あいづちに対するあいづちの「対友人」と「対教師」の比較（CJ）

パターン⑩が最も頻繁に使用されていることは両者に共通しているが、割合を見てみると、「対友人」では44.12％、「対教師」では61.21％で、差があることが分かる。また、パターン⑩の平均使用頻度を見ると、「対友人」では6.0回、「対教師」では10.1回であり、教師との会話場面においてより多く用いられていることが分かる。次に、教師との会話例を見てみよう。

例6-49

　パターン⑩、CS4が現在の大学に入るきっかけについての会話。CS4は学習者、大学院生。JT4は日本人の教師。
❶ CS4：卒業─まだしてないので、ちょっとこっちにはちょっと、受け取りはしにくいなあっていう感じがするから。
❷ JT4：あそうなんだ

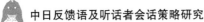

❸ CS4：はい＃＃＃＃
❹ JT4：じゃ、そこわたくし、名古屋△大がわたくしりつって分かって、お金がかかると思ったわけよね。

　例6-49では、CS4の話に対してJT4は「あそうなんだ」と反応し、相手に「分かりました」というメッセージを送り、会話の進行を促しているとみなした。それに対して、次にCS4は「はい」とあいづちを打つことによって、「私の発話はもう終わりました」ということを表明し、発話権を放棄した。JT4はそのことを読み取れ、「じゃ、そこわたくし、名古屋△大がわたくしりつって分かって、お金がかかると思ったわけよね」と話し手になって、次の新しい発話に移り、会話を展開させている。
　パターン⑩に関しては、JJ、CCとの違いが見られる。JJとCCは両者ともに「対教師」より「対友人」の方が使用が多い。具体的に割合の数値を挙げると、JJでは63.87％＞60.12％で、CCでは58.14％＞48.80％となっている。一方、CJでは44.12％＜61.21％となり、「対教師」は「対友人」より使用が多いという結果を得た。したがって、接触場面において、学習者は話し手として話を進めていく中で、教師のあいづちを得た場合、あいづちによって発話権を放棄する傾向は、相手が友人である場合に比べより顕著であることが分かる。これは相手が目上の人であるため、相手との関係を大事にし、発話チャンスを相手に与えるように配慮している現われではないかと思われる。
　パターン⑨がパターン⑩に次いで「対友人」場面でも「対教師」場面でも2番目に多く使用されている。両場面での使用頻度を比較してみると、「対友人」では4.8回（35.29％）、「対教師」では4.0回（24.24％）で、「対友人」場面においてより多く使用されていると言えるだろう。「対友人」場面での使用が最も多いのはCS8の16回である。では、CS8が日本人の友人との一つの例を見てみよう。

例6-50
　パターン⑨、車の運転についての会話。CS8は中国人の学習者、大学院生。JF8はCS8と一緒にアルバイトをしている日本人の友人、大学生。
❶ CS8：たぶんね、なんか、グリーンロードのその道路を見たら僕はあーこういう道路で走りたくない。なぜ、例えばね、左側にもう4車線5車線とかある。
❷ JF8：あ〜〜広いね。
❸ CS8：うん。で、じゃ俺は右折、右折したい時もうどんどんどんどん右になんか進路変更しなきゃいけないじゃないですか。そんな車多いしどうやって進路変更、変

第 6 章　あいづちの出現場所と発話権交替

えたら…

　例6-50では、まず聞き手JF8は1のCS8の話を聞いて、「4車線5車線とかある」の言い換えとなる「あ〜〜広いね」という反応を出した。それに対して、話し手CS8は「うん」と肯定の意味を表すあいづちを打った。それから、CS8は「で、じゃ俺は右折、右折したい時も…」と話を進めていく。ここの「うん」のようなあいづちは、次の発話をする前に使われ、発話権を維持する役割を担っていると考えられる。CS8は友人JF8に対して16回も使用しているが、一方、教師に対して4回しか使わなかった（表6-17、表6-18参照）。

　6.2.1で述べたように、日本語母語話者に教師に対してパターン⑨を多用しているという傾向がある。この点において、学習者と日本語母語話者の間に違いがある。なお、中国語母語会話場面CCでは「対友人」と「対教師」の間に差は見られなかった。

　次に、パターン⑪について考察する。友人同士の会話場面と教師との会話場面ではそれぞれ14.71％と10.31％使用されている。例を見てみよう。

例 6-51

　パターン⑪、日本語能力試験についての会話。
❶ CS9：合格すればたぶん、
❷ JF9：優遇される
❸ CS9：そう＃そう＃そうそうそう
❹ JF9：あーなるほどね
❺ CS9：そして、日本でも、せっかく日本へ、日本へ留学しに来たんで、…

　例6-51では、聞き手JF9は話し手CS9がこれから言うだろうと思われる内容を予測して、「優遇される」と先取りあいづちを打ち、CS9の発話を完結している。それに対してCS9は「そうそうそうそうそう」と反応を示し、言おうとする残りの部分を言わずに済ませている。JF9が発話権を放棄したため、CS9は5で自分の発話に続けて言い始めている。

　パターン⑫に関して、「対友人」では5.88％、「対教師」では4.24％、どちらにおいても最も使用が少なかった。例を見てみよう。

例 6-52

　パターン⑫、修士論文の内容についての会話。CS7は中国人の学習者。JF7はCS7の日本人の友人。

❶ CS7：それ買収とも言えるんだけど、
❷ JF7：違うんだ、細かく言うと
❸ CS7：そう＃そう＃そう＃、うんー
❹ JF7：あそうなんだ
❺ CS7：＃＃＃
❻ JF7：でそういうのを論じてるわけ↗

　聞き手JF7は話し手CS7の言う前に2のところで先取りして言った。そのため、CS7はもう先を言う必要がなくなり、3でJF7の言ったことに対して「そうそうそう、うんー」と同意を表している。それからJF7は4で「あそうなんだ」と納得したという反応を示している。そしてCS7は5でうなずきをし、発話権を放棄した。そこでJF7は6で発話権を取った。1と6の間にあいづちが4回挟まれ、ようやく話者交替ができた。

　接触場面での学習者の使用をまとめると、相手のあいづちを得た場合において、自らもあいづちを打ち、その後発話権を相手に譲ることが多い。特に目上の教師と会話する場合において、この傾向がより顕著である。学習者のこの結果は、日本語母語話者に近いということが分かる。

6.3　本章のまとめ

　話し手の発話を聞きながら、聞き手はあいづちによって「聞いている」「分かった」などを表すことができる。また、自分の発話に対して聞き手があいづちを打った後に、その相手の反応に自らもあいづちを打つことがある。本章では、実際に収集した会話データに基づき、あいづちが打たれる場所、及びその後の発話権交替の有無などを総合的に考え、全てのあいづちを含む話段［1］を12パターンに分類し、「発話権を握っていない場合」（パターン①〜⑧）と「発話権を握っている場合」（パターン⑨〜⑫）の2つのカテゴリーに分けて考察してきた。

---

［1］ ザトラウスキー（1991）は、会話分析をする際に、会話参加者の発話をどのように区切るか、また、その発話の集合体をどのように認定すべきかということを考察し、談話の基本構造を支える新たな単位として「話段」を提唱している。ザトラウスキー（1993）では、「話段」を、「一般に、談話の内部の発話の集合体（もしくは一発話）が内容上のまとまりをもったもので、それぞれの参加者の『談話』の目的によって相対的に他と区分される部分である」と定義している（1993：72）。さらに、「話段」は「二人の参加者が『相づち的な発話』と『実質的な発話』を用いて協力して作り上げるものである」と述べている（ザトラウスキー 1993：83）。

第6章 あいづちの出現場所と発話権交替

6.1で見た発話権を握っていない場合のあいづちは、あいづちが打たれる場所によってさらに「発話途中」(パターン①〜④)と「発話終了後」(パターン⑤〜⑧)に分類することができた。聞き手として相手の発話途中にあいづちを入れる場合、あいづちだけで発話を終了し、話し手から発話権を取らないのがほとんどであるという結果は、JJ・CC・CJ三者に共通している。また、学習者は日本語母語話者と同様に、目上の相手と会話する際にこそ、真剣に聞いている、あるいは興味深く聞いていることを相手に伝えるために、相手の発話と重ねて積極的にあいづちを打つことが多い。一方、相手の発話終了後にあいづちを打つ場合、JJ・CC・CJいずれの会話においても、あいづちを打つことによって発話権を相手に譲る傾向がある。日本語母語話者は、相手が異なっても使用傾向がほとんど変わらない。それに対して、学習者は友人に対してより積極的に発話権を取るが、教師に対して発話権を取るのを抑えていることが明らかになった。これは、母語の中国語会話の結果にかなり近い。

6.2で見た発話権を握っている場合のあいづちは、相手のあいづちへの反応であり、その後発話権をそのまま維持して発話を進行させるか、あるいは放棄して相手に譲るか、どちらの展開になっても何の不自然さもない。日本語母語話者は譲ることが多く、それによって話者交替が円滑に行われる。また、発話を継続していても、相手のあいづちに対して肯定的な対応をした上で次へ進めていくことが多い。日本語母語話者と比べて、中国語母語話者はそのまま発話権を維持する傾向がある。中国人学習者の使用傾向は、どちらかと言うと、日本語母語話者のそれに近いようである。

第7章
先取り発話

　聞き手は話し手から送られてくる情報を聞きながら、そこから想像を働かせて、相手がこれから言うであろうことを予測し、話し手が言う前に先取りして言ってしまうことがある。このことについて、堀口(1997)は「先取り発話」と呼び、「聞き手は話し手が話している途中でその先まで予測して、それを話し手が言う前に先取りをして言ってしまう」(p.90)と述べている。本章では、聞き手のそういう発話行動を「先取り」と呼び、聞き手の「先取り」を受けた後、話し手はどう反応するかという「先取り」された後の会話の展開の仕方に焦点を当てて考察していくことにする。「先取り」に言及した今までの先行研究は、日本語母語話者に関するものしかない。本研究では日本語母語話者だけではなく、中国語母語話者、そして中国語を母語とする日本語学習者の使用も扱うことにする。6章までの分析は、その対象は主にCSとJSを中心に行ってきたが、先取りの使用例はそれほど多くないため、本章ではCS、JSの話し相手である友人や教師が先取りをした場合においてのCS、JSの反応と、逆に、CS、JSが先取り発話をした場合のその後の話し相手の反応を併せて考察することにする。
　聞き手の先取りはあくまでも予測に基づいて発するものであるため、話し手の意図と一致する場合と、一致しない場合がある。このことについて、堀口(1997:99)は次のように述べている。

　　ネイティブスピーカーであれば、話し手の話を最後まで聞かなくても、語彙的知識、文法的知識、文化的背景、連想力などによって、かなりの確率で先を予測することができる。その上、コミュニケーションには場面があり、話し手と聞き手の間に共有する知識や経験があれば、予測の確率はさらに上がる。しかし、だからとい

第7章 先取り発話

って常に聞き手の予測が話し手の言おうとしていることと一致するとは限らない。

　本研究では、聞き手の先取りが話し手の意図と一致しているかどうかということによって大きく二つの部分に分けて、論を進める。以下、「一致している場合」を7.1で取り上げ、「一致していない場合」を7.2で取り上げる。いずれも日本語会話、中国語会話、接触場面会話の順に考察し、それぞれの特徴を明らかにしていくことにする。

7.1 聞き手の先取り内容が話し手の意図と一致している場合

　堀口（1997:91）は、話し手の発話の途中で聞き手が先を予測して先取り発話をする場合、次のような4つの展開の型が見られると指摘している。
A. 聞き手の先取り発話で完結する
B. 聞き手の先取り発話の後、さらに話し手が続けて完結する
C. 聞き手の先取り発話の後、それに対して話し手が反応を示す
D. 聞き手の先取り発話の後、それに対して話し手が反応を示し、さらに発話を続けて完結する

　この他に、聞き手が先取りして、そのまま発話権を取り、話を続けるという展開も見られる。本論文では、堀口の分類方法を参考にし、先取りの直後の会話部分に着目して、展開型を次の5つに分類する。

① 聞き手の先取りで完結する型
② 話し手が続けて完結する型
③ 話し手が反応を示す型
④ 話し手が反応を示して完結する型
⑤ 聞き手がそのまま話を続ける型

　本調査において、先取り発話が全部で112例見られ、そのうち、話し手の意図と一致しているのが89例であり、先取り総数の79.46％を占めている。一致する場合の内訳の詳細は次の表7-1のとおりである。

表 7-1　一致する場合の各展開型の内訳(回)　（括弧内は％）

会話場面	先取りで完結	話し手が完結	話し手が反応する	話し手が反応して完結	先取りで発話権を取る	計
JJ	5(31.25％)	3(18.75％)	4(25.00％)	2(12.50％)	2(12.50％)	16(100.00％)
CC	7(16.67％)	14(33.33％)	10(23.81％)	10(23.81％)	1(2.38％)	42(100.00％)
CJ	5(16.13％)	3(9.68％)	14(45.16％)	7(22.58％)	2(6.45％)	31(100.00％)
計	17	20	28	19	5	89

以下では5つの展開型に分けて詳しく見ていくことにする。

7.1.1　聞き手の先取りで完結する型

聞き手が先取りして言った内容が話し手の意図と一致していれば、話し手はもうその先の内容を言わずに済ませてしまうという展開がある。以下、日本語場面、中国語場面、接触場面の順に、それぞれの例を見ていくことにする。

7.1.1.1　日本語場面

日本語会話場面ではこのタイプの会話例が5例見られた。例7-1と例7-2を見てみよう。

例 7-1
❶ JF5：ついつい、
❷ JS5：死んでた。
❸ JF5：えでも夢ってさ、覚えてるときと、…

例 7-2
❶ JS3：ひょいって持って取ろうとしたのがー、
❷ JT3：うん
❸ JS3：うまく、上がらなくて。
❹ JT3：　　取れなくて。
❺ JS3：もうこのままずずずず。

例7-1では、話し手JF5は相手JS5の靴の臭いが公害だという冗談を言っている。JS5はJF5がこれから言うだろうとその先の話の内容を予測して、JF5の言う前に「死んでた」と先取りして言った。そこで、話し手JF5はまだ自分が言っ

第 7 章　先取り発話

ていない部分も聞き手が分っていると判断し、もう後ろの部分を言うのをやめて、3では夢を覚えているか覚えていないかという別の話題に移っている。例7-2も例7-1と同様で、聞き手JT3は話し手が言おうとする内容を予測した上で、4で「取れなくて」と先取り発話をしている。話し手は3の後半部分で「上がらなくて」と発話を続けているため、聞き手の先取り発話と重なることになっている。聞き手の先取り発話「取れなくて」は話し手の実際の発話「上がらなくて」と異なる表現となっているが、内容的には一致している。

　このように、話し手と聞き手が同じ立場に立っている場合、途中で話を先取りした聞き手は話し手と同じ立場で発話することができる。しかし、話し手と聞き手が異なる立場である場合、途中で話を先取りした聞き手は話し手とは異なる立場で発話することになる。例を見てみよう。

例 7-3
❶ JT6：中国語の知識として、中国文学や、中国の歴史や中国の経済など、こうまあ周辺の知識として、
❷ JS6：うんー＃＃
❸ JT6：知るっていうわけですから、
❹ JS6：あー＃＃＃＃
❺ JT6：まああのー中心に据えてた｛＃＃｝、据えてるものが、違う。
❻ JS6：　　　　　　　　　　　　　　　　　　　　　違いますね＃(笑)。
❼ JT6：まあどっちにしろやらなくちゃいけないんですけどね。

例 7-4
❶ JT3：じゃあそういう事故はあんまり、
❷ JS3：は、なかったですねえ、はい＃。

　例7-3では、JT6は中国語関係の周辺の知識についての話をしており、JS6はそれを聞きながら相手のこれから言おうとする内容を推測して6のところで「違いますね」という表現を使っている。もし話し手が自分で文を完結させるなら、相手の同感を求める終助詞「ね」を使わないだろう。実際にJT6はここで「違う」と言っている。例7-4では、二人がベトナムで銃の所持が禁止されていることについて話している。話し手JT3が1の後半の発話を続けて言うなら、相手の答えを求める表現「ないですね」とか「ないですか」というようものになるだろうが、話題が自分の経験であるため、先取りをしたJS3は「なかったですねえ」と断定的な表現を使用している。

7.1.1.2　中国語場面

　中国語会話に聞き手の先取りで完結する型は7例が観察された。下記の例を見てみよう。

例 7-5

❶ CF2：我也不知道我觉得在这儿也挺好的。
❷ CS2：嗯—♯
❸ CF2：可是回去也挺好的。都,都挺好的。(笑)
❹ CS2：　　　　　　　　　　都挺好的。(笑)

＜例 7-5　の日本語訳＞
❶ CF2：どうしようかまだ分からないけど、日本で暮らしても悪くないなと思うし、
❷ CS2：うん—♯
❸ CF2：でも帰ってもいいと思う。どっちでも、どっちでもいい。(笑)
❹ CS2：　　　　　　　　　　　　どっちでもいい。(笑)

　留学生である会話参加者の二人は、将来日本に残るか、それとも中国に帰るかという選択しなければならない共通の問題を抱えているため、聞き手CS2は話し手CF2の言おうとしたことが予測できて、話し手が言う前に先取りして言っている。聞き手の先取り発話が話し手の実際に言ったことと、内容もタイミングも全く一致している。このような聞き手の先取り発話が話し手の発話の後半部分と重なっているという例が多く見られる。

例 7-6

❶ CS7：反正在这边儿我也打算就职,就职(就地)找一下。如果找到好的工作的话反正就干两三年,
❷ CT7：嗯—,挣点儿钱然后,
❸ CS7：积累积累经验。

＜例 7-6　の日本語訳＞
❶ CS7：こっちでも就職、仕事を探してみたいです。もしいい仕事が見つかれば、とりあえずこっちで2,3年くらい仕事をして、
❷ CT7：うん—、ちょっとお金を貯めて、それから、
❸ CS7：経験を積みます。

　日本で仕事すると、貯金もできるし、経験を積むこともできるなどメリットがあることについて、話し手と聞き手は共有の認識を持っている。それ

第 7 章　先取り発話

で、話し手が「2、3 年くらい仕事をして」に続く話を言う前に、聞き手 CT7 はすでに予測できて、「お金を貯めて」と先取りして発言をしている。それから CS7 は続けて「経験を積みます」と言い、文を完結させている。

　先取りによって、聞き手は話し手の発話に積極的に参加して、話し手と一緒に発話を完結させている。発話の途中で話す役割・聞く役割という役割分担の区別はなくなっている。話し手は自分で言い始めた文を必ず自分で完結させるとは限らないものを水谷は「共話」と呼んで、「一つの発話を必ずしも一人の話し手が完結させるのではなく、話し手と聞き手の二人で作っていくという考え方に基づいた形である」と述べている（1993:6）。したがって、先取りは「共話」の一種の表れ方であると考えてもよいだろう。

7.1.1.3　接触場面

　接触場面の会話に 5 例の使用が観察されている。例を見てみよう。

例 7-7

❶ CS10：おばさんとかいっぱい、
❷ JF10：（笑）やってるね。
❸ CS10：普通の会社員より早く起きて、ずっとねえ、<u>普通並んでるです</u>。
❹ JF10：　　　　　　　　　　　　　　　　　　　<u>あー並んでるからね</u>。

　例 7-7 では、二人がパチンコを話題にして話している。話し手 CS10 は学習者で、聞き手 JF10 は CS10 の日本人の友達である。この例では先取りが 2 回起こっている。まず、CS10 が 1 の後半の発話をする前に、JF10 は先取りして 2 のところで「やってるね」と発話をしている。CS10 の言うつもりだった内容と一致しているため、そこで CS10 はそれを言うのをやめて、次の 3 の発話で続けて話を進めている。発話 3 の進行中、「ずっとねえ」の後、JF10 はまた「あー並んでるからね」と先取り発話をし、CS10 の 3 の後半の発話「普通並んでるです」と重なってしまう。この例から、話し手と聞き手の関係が親しければ親しいほど、共通の話題で会話を進めることができ、先取りが起こりやすいのではないかと思われる。

例 7-8

❶ CS2：なんか先生もたぶん、なんか、あのー足も、あのー、怪我してて、なんか他の時間、そん/朝そんなに早くしなくても、
❷ JF2：あーいいよって。

この例7-8では、話し手CS2は学習者で、自分が足を怪我したことについて話している。聞き手JF2は、相手がこれを言いたいだろうと推測し、相手が言う前にその内容を先に言っている。日本語母語話者のJF2は学習者CS2に「助け舟」を出している感じがする。これは、学習者との接触場面会話において、日本語母語話者は聞き手として先取りしたりして、相手の発話に積極的に参加しようとする同時に、助けてあげようという意識を持って会話に臨んでいる姿の現れだと思われる。

以上の例7-7と例7-8の2つの例は、どちらも聞き手の先取り発話の前にあいづち「あー」が入っている。このように、聞き手は話し手の発話を聞きながら予測をして、あいづちを打ち、先取り発話で文を完結させるという流れがよく見られる。

7.1.2　話し手が続けて完結する型

これは、話し手の発話を聞きながら聞き手が先を予測して途中で先取りして発話をするが、7.1.1で見たように話し手はそこでその発話を打ち切ることはしないで、初めに言おうとしていた発話を完結させていく展開である。日本語場面、中国語場面、接触場面ではそれぞれ3例、14例、3例が見られている。以下では、順次考察していこう。

7.1.2.1　日本語場面
例7-9
❶ JF3：今週でユニットが終わって、
❷ JS3：うんー＃＃
❸ JF3：終わるってことは、<u>テストがあって</u>、
❹ JS3：　　　　　　　<u>あーテストがあるんだ＃＃(笑)</u>。
❺ JF3：今週テストがある(笑)。

会話参加者の二人はともに日本語非常勤教師をしているため、話題についての知識を共有していると思われる。その共有知識、また直前の文脈によって、聞き手JS3は話し手JF3の3の発話の途中でこれから言おうとしている内容が予測できて、それを聞く前に先取り発話をしている。話し手JF3は自分がまだ言っていない部分まで相手がすでに分かっているという判断はつくが、5で「今週」という情報を補充しながら初めに言おうとしたとおりの発話を完結させている。

第 7 章　先取り発話

例 7-10
❶ JT6：まあやっぱりですね、あのーまあその年によって違うんですけれども、こう結局外国語やろうという人は、<u>女子が多い</u>。
❷ JS6：　　　　　　　　　　　　　　　　<u>男性が少ない</u>ですよね(笑)。うん♯。
❸ JT6：あのー、まあ6,7割女性ですね。

　この例7-10では、二人は大学の男女の割合について話している。聞き手JS6は外国語を専攻する人についての常識や話し手の「やっぱり」という表現から、話し手が言おうとする内容を予測し、2で「男性が少ないですよね」と先取りした。話し手JT6は1の後半、ポーズの後に「女子が多い」と続けて発話をし、聞き手の先取りと同時発話になっている。聞き手の先取り発話を聞いた後、話し手JT6は3で「まあ6、7割女性ですね」と補充説明して、発話を完結させている。「男性が少ない」というJS6の先取り発話は、話し手JT6の「女子が多い」という発話と異なっている。しかし、二人が言っている内容には違いがなく、一致しているものである。このように聞き手の予測は、内容的には話し手の発話につながるものであっても、言語的にはつながらない表現で表される場合もある。

7.1.2.2　中国語場面

例 7-11
❶ CF8：国内的你如果全国晚报杯拿冠军的话，他……
❷ CS8：他就给你了。
❸ CF8：他白给你了。

＜例7-11　の日本語訳＞
❶ CF8：中国だと、もし全国夕刊カップの試合で優勝したら、
❷ CS8：もらえる。
❸ CF8：ただでもらえる。

例 7-12
❶ CT1：应该说我的母语是……
❷ CS1：朝鲜语。
❸ CT1：朝鲜语。反正从小学开始一直到高中……
❹ CS1：嗯♯
❺ CT1：受的教育，念的学校都是朝鲜族学校。

<例7-12 の日本語訳>

❶ CT1：実は私の母国語は、
❷ CS1：朝鮮語。
❸ CT1：朝鮮語。小学校から高校まで、
❹ CS1：うん♯
❺ CT1：受けた教育は、通ってた学校は全部朝鮮民族の学校でした。

　例7-11は囲碁の段級についての会話である。聞き手CS8は、前の日本の棋院の段級認定免状をもらうのにお金がかかるという話を聞いてきたので、相手の「優勝したら」の発話が出た後、「もらえる」と先取りして言った。そこでCF8はその後「ただで」と補充の情報を提供し、発話を完結させた。例7-12では、話し手CT1が朝鮮民族の出身であることが前の話に出てきたため、聞き手CS1はCT1の発話を聞いて、「実は」と「母国語」からその後に続くはずである内容を判断して、CT1の言う前に「朝鮮語」と先取りして発話をしている。その後CT1は続けて話を最後まで言い終わった。

　例7-11と例7-12のように聞き手の発話がなくても話し手の発話の初めの部分1と後の部分3は無理なくつながる。つまり、2の聞き手の発話がなくても文は完結する。しかし、逆の角度から考えると、聞き手の先取り発話を聞いて、話し手はその内容が自分の言おうとすることと一致しているため、それを繰り返して、その後聞き手の先取り内容に添加したり、補充したりしているとも言えるだろう。

7.1.2.3　接触場面

例7-13

❶ JF7：そっからずっと朝{♯♯}。朝寝て{笑}、朝寝て{笑}、
❷ CS7：夜書く。
❸ JF7：　　夜書き初めてっていうのが一ヶ月いて、…

　この例7-13は、友人同士の会話で、話し手は日本人で、聞き手は学習者である。JF7は自分が修士論文を書き始めてから夜型になってしまったということについて話しているところで、「朝寝て」まで聞いてきたCS7は、2で「夜書く」と先取りして話をした。その後の3でJF7はさらに続けて残りの文を完結するという展開になる。

例7-14

❶ JT4：あーなるほど。ずっと、

第 7 章　先取り発話

❷ CS4：一筋。
❸ JT4：一筋。外大一筋（笑）。

　例 7-14 は学習者と日本人教師との会話である。この例では、話し手 JT4 の話を聞いて、聞き手 CS4 は 2 のところで先取り発話をした。その後、JT4 が 3 で「一筋。外大一筋」と続けて文を完結させている。JT4 のこの発話は、初めから言おうとしていたとも、CS4 の先取りによって導かれたとも考えられる。

7.1.3　話し手が反応を示す型

　話し手の発話を聞きながら聞き手が先を予測して途中で先取り発話をすると、話し手はその先取りに対して反応を示し、言おうとすることを言わずに済ませる展開がある。このパターンの実例はそれぞれ日本語場面 4 例、中国語場面 10 例、接触場面 14 例で、合計 28 例の使用が観察されている。これは一致する場合の展開型のうち、出現頻度が最も高いものである。以下、順に詳しく見ていこう。

7.1.3.1　日本語場面
例 7-15
❶ JT5：だいたい、試験まで3ヶ月あるから新しい言葉にチャレンジしようっていう発想が、
❷ JS5：ないですよね。
❸ JT5：ないでしょ↗

　話し手 JT5 は「っていう発想が」の後ろに「ないですね」という意味のことを言うつもりだったと思われるが、聞き手 JS5 がそれを予測した上で「ないですよね」と先取りして言ったので、今度はそれに対して JT5 は「ないでしょ↗」と言っている。JS5 の先取りが自分の言うつもりでいた内容と一致しているため、話し手 JT5 はもう先を言う必要がなくなり、3 では JS5 の言ったことに対する反応を示している。

例 7-16
❶ JS4：むしろさー、おとなしい。
❷ JF4：　　　　　おとなしい（笑）。
❸ JS4：（笑）♯♯だよね。

例7-16は、二人のある共通の女子友達について話しているところで、聞き手JF4はここまでのJS4の話の流れや「むしろ」から、これからJS4が言おうとしている内容を予測し、「おとなしい」と先取り発話をした。JF4の先取りが早いため、話し手の発話の残りの部分と重なった。今度JF4の先取りに対してJS4が「♯♯だよね」とあいづちを打ち、賛同の意思を示している。

7.1.3.2　中国語場面

例7-17
❶ CS7：就像他/我们俩，咱们地方也远，一到家都基本都九点多了，你这……
❷ CF7：心情不好是吧。
❸ CS7：对♯对♯对♯对

＜例7-17　の日本語訳＞
❶ CS7：かれ/僕たちみたいな遠いところから来ている人は、家に着くのがもう9時過ぎでしょう。なので、
❷ CF7：機嫌悪いよね。
❸ CS7：そう♯そう♯そう♯そう♯。

　例7-17は中国人友人同士の会話で、二人は同じ店でアルバイトをしている。ちょうどアルバイト先についての話をしているため、聞き手は話し手の話に強い共感を持ち、話し手の言おうとする内容がすでに分かり、そこで先取りして「機嫌悪いよね」と発話をした。それに対して話し手CS7は「そうそうそうそう」とあいづちを打っていて、肯定・賛意を表していると思われる。

例7-18
❶ CS10：像我们像我们待的时间长了以后就慢慢地习惯了，然后……
❷ CT10：觉得差不多了，是吧。
❸ CS10：嗯。

＜例7-18　の日本語訳＞
❶ CS10：私たち、私たちみたいな日本に長くいる人は、だんだん慣れてきましたから、
❷ CT10：もうあんまり変わらないと思うでしょう。
❸ CS10：うん。

　例7-18は、学生（CS10）と教師（CT10）の中国語による会話である。話の途

第 7 章　先取り発話

中で言うつもりでいたことが相手に先取りされたため、CS10はもうその内容を言わないで、今度は相手の先取りに対して「うん」と反応を出している。

7.1.3.3　接触場面

接触場面では、聞き手が先取りして、話し手がそれに対してまた反応を示すという流れに関しては、上で述べてきた中国語母語会話及び日本語母語会話とは大差がないが、先取りする方の日本語母語話者の心境、また先取りされた話し手の反応などをよく見ると、ニュアンスの違いがあることが分かる。以下では、例を一つずつ取り上げ、見てみよう。

例 7-19
❶ CS7：それ買収とも言えるんだけど、
❷ JF7：違うんだ、細かく言うと。
❸ CS7：　　　　　　　そう＃そう＃そう＃、うんー。

例 7-19は学習者 CS7と日本人の友人 JF7との会話である。JF7はCS7の発話の途中で先取りした。相手の先取りが自分の言うつもりだった内容と一致しているため、話し手CS7は「そうそうそう、うんー」という反応をしていると思われる。これは上で見てきた母語話者同士の会話に現れた先取りにかなり近いものである。

例 7-20
❶ CS2：たぶん一時、一時間くらい、
❷ JF2：あーーちょっと早めに終わってる。
❸ CS2：あっ、そう、そう。

例 7-20では、学習者 CS2の途中までの発話を聞いて、日本語母語話者のJF2はCS2の言いたいことがすでに分かり、そこで先取りして「あーーちょっと早めに終わってる」という発話をしている。その後のCS2の「あっ、そう、そう」という反応から、JF2の先取りがCS2の言おうとする内容と一致していることが分かる。一時間半の授業が一時間で終わるということを日本語で「早めに終わる」というような言い方が、CS2は知っているが一瞬思い出せなかったのか、もしくはもともと知らなかったのか、どちらか分からないが、JF2の先取りが日本語でどういう言葉で表現すればいいかと、頑張って考えている非母語話者のCS2を助けたことが間違いないようである。しかし、も

157

し学習者はもう少し頑張って探せば言葉や文などが出てくるのにもかかわらず、日本語母語話者に横から助けの手を出されることによって考える意欲がなくなる可能性が十分ある。ということは、逆の角度で捉えれば、このような母語話者の助け舟は、場合によって学習者の日本語の上達に邪魔になるものとも言えるだろう。

例 7-21
❶ CS4：でもさ、よ、なんか予備金っていうか、
❷ JF4：あ要らない。
❸ CS4：要らないの↗

この例7-21では、CS4は1の発話の続く部分で「要るでしょう↗」という意味のことを言うつもりであろうが、それを言う前に聞き手に先取りされ、言わないで済ませている。2のJF4の先取り発話「あ要らない」は、すでにCS4の1の発話に対する答えとなっている。CS4は要ると思っていたため、それを聞いて3で「要らないの↗」と聞き返したと思われる。

例 7-22
❶ CS10：よく女の子体育の授業、なんか嘘ついたり、
❷ JF10：あー
❸ CS10：おなか痛いとか、
❹ JF10：休んでた↗
❺ CS10：あそうそうそうそう（笑）

JF10は「おなかが痛いなどの嘘をつく」ことから、それで「休んだだろう」ということを推測したわけであるが、それがあくまでに自分の推測で、確実な情報はまだ得ていないため、疑問形で「休んでた↗」と先取りをした。それに対してCS10は「あそうそうそうそう」という反応をしている。このように、先取り発話は平叙文だけではなく、疑問文という形で現れることもある。

「話し手が反応を示す型」の先取りに関して、友人同士の会話場面では10例も見られたが、教師との会話場面では使用例がわずか4例である。次の教師との会話例を見てみよう。

例 7-23
❶ JT1：だから卵のらんを一個いれたら本当に多いので、

第 7 章　先取り発話

❷ CS1：あ半分くらい。
❸ JT1：でしょう↗

　これは納豆の食べ方についての会話で、話し手JT1が日本人の教師で、聞き手CS1が中国人学習者である。話し手の卵を一個入れたら多いという話を聞いた後、CS1は「あ半分くらい」と先取り発話をした。そこでJT1は「でしょう↗」という反応を示しただけで発話を終了し、残りの言おうとした部分の発話を続けていない。

　聞き手の先取り発話で文を完結する場合と、それでもまだ完結しない場合がある。例 7-23 は、先取り発話では完結しない場合であるが、話し手は聞き手の先取り発話に対して「でしょう↗」という反応を示し、最後まで続けていれば「半分くらいを入れます」という意味のことを言うだろうと思われる残りの部分は言わずに済ませているという展開である。

7.1.4　話し手が反応を示して完結する型

　「話し手が反応を示して完結する型」は、話し手の発話途中で聞き手が予測に基づいて先取り発話をすると、話し手はその先取り発話に対して反応を示し、その後、さらに自分が言おうとしていた内容を続けて最後まで言うという展開である。JJ・CC・CJの3つの会話場面において、それぞれ2例、10例、7例が見られている。

7.1.4.1　日本語場面

例 7-24
❶ JT2：あのートルコ人の場合はそんな、もちろんコミュニティはあるんだけど、
❷ JS2：うんうん♯
❸ JT2：しっかりドイツ語を話して、
❹ JS2：あ〜♯
❺ JT2：ドイツの教育を受けて、
❻ JS2：はい♯
❼ JT2：だから、トルコ語は、
❽ JS2：国に帰っても<u>トルコ語が話せない。</u>
❾ JT2：　　　　　　うん、そうそう
❿ JT2：アイデンティティーの問題になる、別の問題がね、残ってくるわけですけど。

例 7-25
❶ JS6：でも学生の人数の割合に対して校舎っていうかここ全体がそんなに<u>広いわけ</u>

じゃない。
❷ JT6：　　　　　　　　　　　　　　　　　　　　　　　そりゃあ
　　　狭いですよ。
❸ JS6：そう♯（笑）、だからどっか移動してもみんな同じ時間に授業終わると、もうご飯食べるのでも一苦労ですね。

　例7-24では、JS2の先取り発話に対して、JT2が「うん、そうそう」と反応を示して、さらに初めに言おうとしたとおりに続けて文を完結させている。例7-25では、JT6の先取り発話に対して、話し手JS6が「そう」と相手の発話内容を肯定してから、「だから…一苦労ですね」と続けている。

7.1.4.2　中国語場面

例7-26
❶ CS2：考研的话，还不如——
❷ CF2：没有意思啊。
❸ CS2：对对对对对。学了跟一本科没什么区别。

＜例7-26 の日本語訳＞
❶ CS2：大学院に進学するより、まだ、
❷ CF2：意味がないね。
❸ CS2：そうそうそうそうそう。大学院に進学しても、結局学ぶものは学部とあんまり変わらないんだよね。

　例7-26は中国人友人同士の会話である。CS2が後半の発話をする前に相手に先取りされた。それに対してCS2は3で「そうそうそうそうそう」と反応を示し、それによって「そのとおりだ」という同意の信号を出している。それから「大学院に進学しても…」と続けて自分の言おうとしていた内容を完結させている。

例7-27
❶ CS4：如果是一个人的话，那……嗯有点儿，好像觉得……
❷ CT4：孤独的（笑）
❸ CS4：对对对对。十几年，还是……挺难的，我觉得（笑）

＜例7-27 の日本語訳＞
❶ CS4：一人だと、あのー、うーんちょっと、なんかー、

第 7 章　先取り発話

❷ CT4：寂しい(笑)
❸ CS4：そうそうそうそう。十数年間、やっぱりーーーつらいですよ、と私は思います。

　例 7-27 は学生と教師の会話である。話し手 CS4 がそういう気持ちを表すふさわしい言葉を探していると思われるところに、CT4 は CS4 と同じ立場で「寂しい」と話を先取りした。CT4 の発言に対して CS4 は「そうそうそうそう」とあいづちを打ち、「そのとおりです」という意味を表している。その後、CS4 は自分が言いたかったことを最後まで言い、発話を完結させている。

例 7-28
❶ CT3：因为我的老师{♯}高中的老师{♯}跟我说,你一,<u>大学毕业以后</u>,
❷ CS3：　　　　　　　　　　　　　　　　　　　　<u>哦就是比较有优势</u>是吧。
❸ CT3：对。就是说你要在我们日本生活下去{♯}的话,你就只有把你自己的专长继续学下去这样子你才将来才能够找到工作。

<例 7-28 の日本語訳>
❶ CT3：私の先生、高校の先生はこう言ってくれました。きみ、<u>大学卒業したら</u>、
❷ CS3：　　　　　　　　　　　　　　　　　　　　<u>あー優位に立ちます</u>からね。
❸ CT3：そう。つまり、日本で生活していくなら、自分の特長を生かして勉強し続けないと就職は難しいよということです。

　例 7-28 も学生と教師の会話であるが、例 7-27 と違って、これは教師（CT3）が話し手として発話を続けている途中に、学生（CS3）が先取り発話をした例である。CS3 の先取りに対して CT3 は「そう」と肯定的な反応を示してから、続けて発話の残りの部分を完結している。

7.1.4.3　接触場面
例 7-29
❶ CS7：俺夜強いんだもん。だって前のバイト夜だもん、あのー深夜の<u>バイト</u>、
❷ JF7：　　　　　　　　　　　　　　　　　　　　　　<u>もうそれで体が慣れちゃった</u>。
❸ CS7：そう♯そう♯そう♯そう、慣れてきた。

例 7-30
❶ CS8：ビューって、
❷ JF8：押して、右に曲がろうとした(笑)。
❸ CS8：そうそうそうそう。(笑)押して右に曲がろうとした。後ろ遠いところから見る

じゃん、えっ、な、なにが、こいつ初心者だから｛笑｝。でもその方が安全だと思うよ。だから俺はこれからブレーキを踏むぞ。

　例7-29、例7-30は友人同士の会話である。どちらも学習者(例7-29ではCS7、例7-30ではCS8)は話し手として話を進行させている途中で、相手が自分の言おうとする内容が予測できて、先取りして言ったため、そこで、相手の先取りが自分の言うつもりでいた内容と一致していることを反応に出し(両方とも「そうそうそうそう」である)、それから続けて発話を完結させるという展開になっている。

　学習者と教師の会話例は次のようである。

例 7-31

❶ JT1: だから、<u>不便</u>、
❷ CS1:　　　<u>不便</u>ですね。
❸ JT1: えー、だから、結局全部持って帰ることになるでしょう。

　例7-31は日本人教師JT1が旅行先でお土産を買わないことについての話をしている場面である。聞き手CS1は今まで聞いてきた話から、話し手が❶の発話に続けて言おうとしていることが予測できて、それを聞く前に「不便ですね」と先取り発話をしている。話し手JT1は話している途中で相手に先取りされたので、初めの発話をちょっと中断して相手の発話に「えー」と反応を示してから、初めに言おうとして中断された残りの部分を続けている。

7.1.5　聞き手がそのまま話を続ける型

　聞き手が話し手の発話を聞きながら先取り発話をし、それだけで発話が終わるのではなく、さらに話を続けて、そのまま話し手となる展開がある。相手の発話の途中で割り込んで、自ら発話権を取ってしまうため、失礼とは言わないまでも、相手に戸惑いの気持ちを与えるのではないかと考えられる。本調査において、この型の会話例が最も少なく、3場面の使用数を合わせてわずか5例しか見られていない。

7.1.5.1　日本語場面

　日本語母語データにこのようなパターンの会話が観察されたのは以下の2例のみである。

第7章　先取り発話

例 7-32
❶ JT6：まあでも学部のわれわれの授業は、もっと、
❷ JS6：　　　　　　　　　　　すごいですよね（笑）。中国語学科は何人、学生──

　これは、一つの授業を受ける学生の人数についての話であるが、聞き手である大学院生JS6は今まで聞いてきた話から、話し手が1の発話に続けて言おうとしていることが予測でき、それを聞く前に「すごいですよね」と先取りして発話をしている。その後、JS6は話を続けて、今中国語学科に学生が何人いるかということを聞いている。JS6は完全にJT6から発話権をとってしまい、話し手となっている。

例 7-33
❶ JS6：へえー↷今なんか中国語すごい大切って言われてるじゃないですか。その経済のあれとかで。そういう、
❷ JT6：関係あると思いますよね。まあ、一つ一つの会社は違いますから、あのー統計的にどうっていう言い方はできないけど、まあ、それだけ就職できてるっていう数字を見ると、やはり、そういうことも関係あるだろうと思いますよね。

　例7-33の会話参加者の二人は例7-32と同じ人物で、中国語学科の学生の就職率を話題に会話をしているところである。ただし、例7-32と異なり、今度は大学院生のJS6が話し手で、教師のJT6が聞き手であり、会話に参加する立場が逆になっている。JS6が1の発話を最後まで続けていれば、「そういうことがやっぱり関係してくるんですか」のようなことと言っただろうと思われるが、それを言う前にJT6は先を予測して、2のように「関係あると思いますよね」と先取りをした。そして、その後もJT6は完全に話し手として話を進めているという展開になっている。

7.1.5.2　中国語場面
例 7-34
❶ CS6：我去那个名古屋市内一个叫什么，外国人，就职中心。
❷ CF6：　　　　　　　　　　　　　　　　哦─那个市役所那儿是吧。不，中日ビル上面那个。嗯─那上面有一个我都知道。

<例7-34 の日本語訳>

❶ CS6：名古屋市内にある、なんと言うんだっけ↗外国人、就職センターに行ってきた。
❷ CF6：あーあの市役所のところでしょう。違う、中日ビルの上だ。うんーーそこにあるのを知ってるよ。

　中国語会話ではこの1例しか見られなかった。これは友人同士が就職活動について話している場面である。話し手CS6の「就職センター」という話が出る前に、聞き手CF6は相手がこれから言おうとしていることがすでに分かり、❷で「あーあの市役所のところでしょう」というふうに先取りした。その後、CF6は聞き手から話し手に変わり、話を継続している。

7.1.5.3　接触場面

例7-35
❶ CS5：炒め物も上手になりました↗
❷ JT5：なりません。残念｜笑｜ながら(笑)。中国の人とは、全然違いますね。中国の人は、
❸ CS5：サラダとして、食べますか↗
❹ JT5：あでもね、やっぱり生で食べると危ないと言われたので…

例7-36
❶ JT1：じゃ帰るまでたくさん集めて行かないといけないですね。
❷ CS1：はい＃、収集してます。

　接触場面では上の2例が観察されている。例7-35と例7-36は両方とも学習者と日本人教師との会話である。最後まで聞かなくても話し手がこれから言おうとしていることが予測できるので、聞き手は話し手の発話の途中で話順を取って話し始めた。例7-36ではCS1がまず「はい」によって自分が話をしたいという合図を出し、相手に知らせてから話をし始めたが、例7-35ではCS5が❸でいきなり割り込んで発話をした。

7.2　聞き手の先取り内容が話し手の意図と一致していない場合

　聞き手の先取りは話し手の言おうとする内容と異なることがある。本調査において、先取り発話が話し手の意図と一致しないのが23例（全体の

第 7 章　先取り発話

20.54％を占める)見られた。聞き手の先取りが話し手の意図と一致しない場合、話し手はそれを無視して自分の発話を進行させるか(以下、「話し手が反応しない型」と呼ぶことにする)、あるいはそれに反応を示してから自分の発話を完結するか(以下、「話し手が反応する型」と呼ぶことにする)、という2つの展開型が見られる。各会話場面に現れたこの2種類の展開型の詳細は表7-2のとおりである。

中国語会話場面において、先取りが話し手の意図と一致しない例が14例見られ、3種類の会話の中で最も多かった。日本語場面と接触場面はそれぞれ6例と3例である。「話し手が反応しない型」は3つの会話場面を合わせて13例が見られている。「話し手が反応する型」は10例である。

表7-2　一致しない場合の各展開型の内訳(回)

	反応しない型	反応する型	計
JJ	4(66.67％)	2(33.33％)	6(100.00％)
CC	8(57.14％)	6(42.86％)	14(100.00％)
CJ	1(33.33％)	2(66.67％)	3(100.00％)
計	13	10	23

以下では、この2つの展開型について詳しく見ていくことにする。

7.2.1　話し手が反応しない型

7.2.1.1　日本語場面

日本語場面では話し手が反応しない型が4例見られている。用例を見てみよう。

例 7-37
❶ JS5：なんかね、脳が、活性化されるらしい。
❷ JF5：　　　　　　運動↗
❸ JF5：まじで↗

例7-37は友人同士の夢についての話である。1の前半の発話を聞きながらJF5は続く内容を予測し、2のように先取り発話をした。しかし、1の後半のようにJS5は内容の異なる話を続けている。そこで、JF5は自分の予測が相手の言ったことから外れていることが分かり、3であいづちを打ち、「脳が活性化される」ということについての驚きの気持ちを表している。

例 7-38

❶ JT7：やっぱり、もちろん日本はそのなんていうか、民族的なそんな、(笑)いち民族という、いわゆるいち民族というわけじゃ全然ないと思いますけどねえ。
❷ JS7：　　　　　　　　　　　　　まあ♯はい♯単一民族って言われてますね。
❸ JS7：ええー♯♯、そうですねえ。
❹ JT7：あの、韓国の人もいれば、それこそ中国の人もいるし、まあ昔はアイヌの人たちも、人種はいろいろ、混在しながら出来上がってきた国なんですけど。

　例7-38は学生と教師の間の会話である。この例では、JS7はJT7の発話を聞きながら、「いわゆるいち民族ですね」という意味の内容が続くだろうと予測して、2のように先取り発話をした。しかし、JT7の1の後続発話を見てみると、実際にJT7は「いち民族というわけじゃない」という意味の話を続けている。そこで、JS7は自分の予測が外れていることが分かり、3であいづちを打っているのである。

例 7-39

❶ JT6：一年で精一杯ですけど。まあ｛♯♯｝、でも、やっぱり話す機会ができるからいいですよ。
❷ JS6：なかなか日本にいて中国人と、中国語で会話する機会って。
❸ JT6：だから知識でこうあのー習って知っても、
❹ JS6：　　　　　　　　　　　　　はい♯
❺ JS6：はい♯
❻ JT6：なかなかまた会話となると違うんですよ。
❼ JS6：　　　　　　　機会がないから。
❽ JS6：あ～～

　例7-39も学生と教師の会話である。聞き手JS6は話し手JT6の発話の途中で7のように先取りしたが、JT6の話を最後まで聞いた後、自分の予測が相手の言おうとしていた内容と違うことが気づき、8で「あ～～」とあいづちを打っている。

　上の例のように、日本語母語話者同士の会話において、聞き手の先取りが話し手の本来の意図と合致しない場合、聞き手はあいづちを打ったり、聞き返したりすることによって、「分かりました」などのことを相手に伝えるケースが多いようである。話し手は相手のそういう反応を得て、自分が言いたかったことは相手がすでに分かったと理解し、それについてもう触れなく

第 7 章　先取り発話

てもよい、あるいはもう次の話へ進めてもよいと判断し、安心して話を進めていると思われる。

7.2.1.2　中国語場面
例 7-40
❶ CS3：我不知道我是不是感冒。不流鼻涕就是那个什么。你看我鼻子，就是那个……
❷ CF3：火气。
❸ CS3：闻不到东西。

＜例 7-40　の日本語訳＞
❶ CS3：風邪かどうかは分からないけど。鼻水が出ない。でもあれなんだけど、私の鼻を見て、あれだけど、
❷ CF3：のぼせ。
❸ CS3：何のにおいも感じられない。

　例 7-40では、CS3が鼻の症状について話をしている途中で、CF3はそれがのぼせだと、CS3が後半の発話をする前に割り込んで先取り発話をした。しかし、その後に続く3のCS3の発話を見てみると、CF3の先取りが違っていることが分かる。話し手CS3は相手の先取り発話へ何の反応もせずに、ただ自分の残りの部分の発話を完結させている。このことについて、村松（1991：268）は「中国語は、話し手の意図に合致しない先取りは、話し手に無視されるケースが多い」と指摘している。本調査において、話し手の意図と一致しない先取り発話が14例見られ、そのうち、話し手が相手の発話を無視する例が8例であり、全体の半分以上を占めていることが分かる。つまり、村松の指摘を裏付ける結果となった。
　中国語母語話者の使用例をもう少し見てみよう。

例 7-41
❶ CF2：他就是想去他那儿，我想回我那儿。(笑)这个事情非常的难办。
❷ CS2：　　　　他想去上海。

＜例 7-41　の日本語訳＞
❶ CF2：彼氏は彼のところへ帰りたい、私は自分の実家の方に帰りたい。(笑)そのこと
❷ CS2：　　　　彼は上海へ行きたい。
　　CF2：はすごく難しい。

167

例 7-42
❶ CS10：这个倒没什么问题，因为现在都是，每次都是，<u>英语跟翻译成日语，日语翻译成</u>
❷ CT10：　　　　　　　　　　　　　　　　　　<u>说日语</u>。。
　　CT10：英语。

<例 7-42 の日本語訳>
❶ CS10：それは別に問題がありません。今は毎回、<u>英語から日本語に翻訳するか、日本</u>
❷ CT10：　　　　　　　　　　　　　　　　　　<u>日本語を話す</u>。
　　CS10：語から英語に翻訳するということをやってますから。

例 7-43
❶ CT3：我觉得主要就是进了大学以后{#}、比较多时间以后。还有就是主要就是有好的
❷ CS3：　　　　　　　　　　　　　<u>嗯嗯—##</u>
　　CT3：朋友{#}，她愿意<u>很长时间，跟你就是{##}</u>，真正跟你愿意跟你交谈，你才
❸ CS3：　　　　　　　　<u>嗯—#帮助你</u>。
　　CT3：有机会谈话。

<例 7-43 の日本語訳>
❶ CT3：特に大学に入ってから{#}、暇な時間が多くなった後だと思います。後仲いい
❷ CS3：　　　　　　　　　　　　<u>うんうん—##</u>
　　CT3：友達に恵まれて{#}、彼女は時間<u>をかけても、私と{##}</u>、本気で話してくれて、
❸ CS3：　　　　　　　　　　　　<u>うん—#助けてくれる</u>。
　　CT3：それでやっと話すチャンスが増えました。

例 7-41は友人同士の会話で、例 7-42と例 7-43は学生と教師の間の会話である。この3つの例では、聞き手は話し手の発話を聞きながらこれから言うだろうと予測したことを相手の発話の途中で言っている。しかし、相手が先取り発話をしても、話し手はそのまま話し続けている。それは話し手が夢中に話をしており、相手の言ったことに耳を傾けていないのでそうなったこともありうるし、相手の予測が正しくないのでそれを無視して自分の言おうとしていることを続けて言っているとも考えられる。

例 7-41～例 7-43の例を見ると、聞き手の先取りが話し手の意図と一致しない場合、中国人は相手の先取りを無視し、自分の言うつもりとおりに発話を終わらせる傾向があることが分かる。楊（2001：53）によると、中国人は「日本人に比べて話し手側には、相づちを求めようとする意識はそれほど強くない」。また、村松（1990：282）は、「日本語においては、話し手は常に聞き手

第 7 章　先取り発話

に同一の認知状態を求め、聞き手がそれを持ったかどうかをあいづちによって確認しながら対話を進行させていくが、中国語においては、聞き手に同一の認知状態を求めるかどうかは話し手の自由であり、あいづちの要求、確認も日本語ほどされないまま、対話は進行されていく傾向がありそうである」と述べている。中国人は大雑把な性格を持つ人や自己主張がある人が多いと言われている。大雑把なため、自分が話を続けている途中に相手が何を言っているかはあまり気にしない。また、自己主張が強いため、とにかく自分の言いたいことを最後まで言い続けるというふうに解釈してもよいだろう。

一方、極まれであるが、7.2.1.1で述べた日本人のように、聞き手が自分の予測が正しくないことに気づいた後、何らかの反応をするという例も見られる。

例 7-44
❶ CF2：美国是―就是生在哪儿{♯}是哪儿。日本是就是跟―<u>跟父亲</u>。
❷ CS2：　　　　　　　　　　　　　　　　　　<u>父母</u>。
❸ CS2：跟父亲↗

＜例 7-44　の日本語訳＞
❶ CF2：アメリカでは―そこで生まれたら戸籍がそこになるけど、日本では従うのが―<u>父親に従う</u>。
❷ CS2：<u>親に</u>。
❸ CS2：父親に↗

例 7-44では、CS2は日本では子供の戸籍が父親か母親のどちらかに従うことだと思い、❷のように相手の言う前に言ったが、実際にはCF2が「父親」と内容の異なる話を続けている。そこでCS2は自分の予測したことが相手の言っていることと違いが出ていることが分かり、❸のところで「父親に↗」と疑問を言い出した。

7.2.1.3　接触場面

接触場面では一致しない先取りがもともと数が少なく、そのうち話し手が反応しないという例は、次の1例しか見られない。

例 7-45

❶ JF2：今日朝起きたらさ、すごい痛いな足首が(笑)。だから寝てる間に、
❷ CS2：うつす。
❸ JF2：どっかうったのかなと思って。ねえー寝相が悪いから。

　これは学習者と日本人の友人との間の会話である。日本人JF2の話の進行中、学習者CS2は2で「うつす」と先取りして不完全な文を言った。おそらく「うつ」を言うつもりだが、間違って「うつす」と言ってしまったかもしれないが、CS2の先取り発話はJF2が言おうとしていたことと一致しているとは言えない。CS2の発話がなくてもJF2の初めの部分1と後の部分3は無理なく繋がる。CS2の先取りに対してJF2は何も反応を示していないということは、CS2の言ったことが理解できなかったからなのか、あるいは自分の言おうとする内容と異なるので無視したからなのか、というところまでは解釈できない。

7.2.2　話し手が反応する型

7.2.2.1　日本語場面

　日本語母語会話では、相手が自分の意図と一致しない先取り発話をした場合、話し手はそれに反応を示すというのは2例観察されている。次の例を見てみよう。

例 7-46

❶ JT2：ドイツの、1970年代、
❷ JS2：はい♯
❸ JT2：あのートルコ人がね、非常に、
❹ JS2：　　　　　　　　　　　あ、移民が、多かった↗
❺ JT2：ええ｛♯♯｝。まあ移民というか、あのー××××といって、まああのドイツが戦
❻ JS2：　　　　　　　　　　　　　　　　　　　　　　　　はい♯
　　JT2：争でね、やっぱりあのあちこち大きい道がほとんど破壊されましたので、…

　例7-46は教師JT2が自分のドイツ留学の経験を語っている場面である。「トルコ人がね」という話を聞いた後、大学院生のJS2は「あ、移民が、多かった↗」と先取りした。それに対して話し手は発話を中断し、5でまず「ええ」と肯定的な返事をして、それから「まあ移民というか…」と自分が本来言う

第 7 章　先取り発話

つもりだったことを話し続けていく。その後に続く話の内容を見ると、実はトルコ人は移民ではなく、肉体労働者としてドイツに出稼ぎに来ているもので、JS2の先取りの内容が話し手の意図とは一致していないのである。

例 7-47
❶ JT3：あーでもそれはね、大事ですよね。食べられなくなると、一気にこう体力も、
❷ JS3：　　　　　　　　　　　　　　　　　　　　　　　うん＃＃、やせますからね。
❸ JT3：ねえ、落ちていくし。

　この例 7-47 では、話し手の「食べられなくなると」という話を聞いた後、聞き手 JS3 は「うん」とあいづちを打った上で「やせますからね」と先取りして発話をした。話し手の3の発話から、実は言おうとしていたことは「やせる」ではなく、「体力が落ちる」であったことが分かる。相手の先取りが自分の意図と一致していなくても、JT3は「ねえ」と相手の発言を受け取って、肯定する返事をしてから、発話を完結させている。
　これらの例から分かるように、日本語の場合、先取りの内容が話し手の意図と一致していなくても、話し手は聞き手の発言を受け取り、その発言に肯定的な対応を示してから発話を続けていくケースが多い。コミュニケーションがうまくいくために、相手の面子を潰さないように、こういう行動を取ったのではないかと考えられる。

7.2.2.2　中国語場面

　中国語場面では 6 例の使用が見られる。例を見てみよう。

例 7-48
❶ CS2：然后来日本就是说——,开始我是自己申请嘛学校。结果,后来听老师说,有这么一个学校可以、
❷ CF2：　　　　　　哦——这个学校最简单,对。
❸ CS2：对对对,最方便主要是还可以省半,至少半年嘛。

＜例 7-48 の日本語訳＞
❶ CS2：日本に来ることですね、最初は自分で申請しようと思いましたが、結局、先生から聞いたんですけど、ある学校が、
❷ CF2：　　　　　　　　　　　　　　　あーこの学校は一番簡単ですね、はい。

❸ CS2：そうそうそう、簡単だし、少なくとも半年の時間を省くことができるのが最も魅力的ですね。

　先取りに続いて行われる話し手の3の発話から、聞き手の先取りの内容が話し手の初めに言おうとする内容と一致しているわけではないことが分かる。しかし、話し手は聞き手の発言を肯定する返事を入れ、積極的な対応をしていると見られる。

例 7-49

❶ CS5：不像就有一些新兴的城市啊，它是就是建得很漂亮很干净啊，但是总觉得，恩……，好像有一点点浮躁的那种，我不太喜欢那种地方。我就觉得……
❷ CT5：没有人那种，人情味。
❸ CS5：人情味是一方面还就是觉得比较浮躁的地方。大家都就是很努力地工作，但是，你要问为什么呢，就是一可能就是为钱啊或者为家庭啊，就是觉得这样子，哦大家都这样子也挺没意思的。我觉得生活不是这样的。

＜例 7-49　の日本語訳＞

❶ CS5：新興の都市だと、建物がすごく立派だし、きれいなんですけど、でもやっぱり、んー一、ちょっと落ち着かないところがあるので、あんなところはあんまり好きじゃありません。なんか、
❷ CT5：人間のあれが薄いですね、人情。
❸ CS5：人情が薄いこともそうですけど、やっぱり落ち着かないです。みんな一所懸命仕事をしてますけど、でももしどうして↗って聞いたら、たぶん、お金のために或いは家庭のためにと答えるかもしれません。でも、そのような、みんな全てそのように生きていくのがつまらないと思います。私は生活がそのようなものじゃないと思っています。

　この例 7-49 では、聞き手 CT5 の先取りに対して、話し手 CS5 は、「人情が薄いこともそうですけど」と肯定的ではない対応を示してから発話を続けている。続いて行われる話し手の発話の内容から判断すると、話し手の意図に合致した発言であるとは言えないことが分かる。これは、年齢的にも社会的地位でもどちらも自分より上である教師に対して敬意を表す態度の現れであろう。

　これまで見てきた不一致の先取りに対する話し手の積極的な対応は、日本語と同様に、中国語にも見られる。しかし、話し手がはっきりと否定する

第 7 章　先取り発話

例が日本語では見られないのに対し、中国語会話場面では観察された。

例 7-50
❶ CT3：因为我，其实我不需要学汉语昂{#}，但是<u>我上/我……</u>
❷ CS3：　　　　　　　　　　　　　　　<u>但是就是那种，中文教育之类的吧。</u>
❸ CT3：不不，完全是就是一汉语系。因为我的老师，高中的老师跟我说，你——，大学毕业以后……

＜例 7-50 の日本語訳＞
❶ CT3：なぜかというと、実は私は中国語を勉強する必要がないですね{#}。でも<u>私は、</u>
❷ CS3：<u>でもあれでしょう、中国語教育みたいな専攻でしょう。</u>
❸ CT3：違う違う、完全に中国語ですよ。私の先生、高校の先生がこういう話をしてくれましたから、「もし君が大学卒業したら、…」

　例 7-50 では、CT3 の発話を聞きながら CS3 は❷のように予測に基づいて先取り発話をしたが、CS3 の先取りに対して、CT3 はまず❸で「違う違う」と相手の予測を否定して、それから自分の言うつもりだったことを続けている。
　例 7-50 のように、中国語は、聞き手の先取り内容が話し手の意図と一致していない場合、話し手はその内容を率直に否定するケースが見られる。日本語母語話者の会話においては、このような対応が見られない。それは文化的差異があるためだと思われる。つまり、「日本語は曖昧である」と言われているとおり、日本人はできるだけ明確に否定するのを避けているようである。一方、中国人はどうも明確で分かりやすい話し方が好みなので、違うことに対してはっきりと否定する方である。ただし、今回の調査結果は量的に少ないため、さらなる調査を待ちたい。

7.2.2.3　接触場面
　接触場面では次の 2 例が観察されている。

例 7-51
❶ CS7：物の流れじゃなくてあのー、
❷ JF7：金銭的な、部分↗
❸ CS7：金銭的なものもあるし、基本的に例えば、A 社と B 社が、合併するじゃん…

CS7が日本人の友人に自分の修士論文の内容について説明しているところである。聞き手JF7は最後まで聞かずに2のところで先取りして発話した。それが話し手の言おうとしている内容と一致していないことが後に続くCS7の話から分かる。相手の発話内容が自分の意図と異なるにもかかわらず、話し手CS7は直接に否定せず、「金銭的なものもあるし」とある程度相手の話を肯定してから本当の言うつもりでいた内容を続けていくという姿勢が見られる。

例 7-52
❶ JT1：お餞別のせんというのは漢字で書くと{#}、あのーお金なんですね。
❷ CS1：あー、お金。
❸ JT1：うん、金偏に、
❹ CS1：ざん/残念の残。
❺ JT1：せん/ち、ちが、のこっち側だけ。

例7-52は教師の話を聞きながら学習者が先取り発話をした例である。餞別の餞の書き方についてJT1が話をしている途中で、CS1は4のように先取りして言った。それに対してJT1は5で初めに「ちがう」と言おうとしていたと思われるが、急に中断して変わって賛同するという意味の発言をした(「のこっち側だけ」)。

7.3 本章のまとめ

先取りは、話し手の発話を聞きながら、その内容を理解した上で先を予測し、それを言葉で表現するというように、複雑な過程をたどる。聞き手と話し手が同じ経験をしたとか、同じ悩みを持っているとか、共に知っている人や知っていることなどを話題にしている場合、先取りが多く見られる。聞き手は話し手の話に積極的に参加しようとしていて、予測に基づいて先取り発話をするわけであるが、その予測が話し手の言おうとしていることと必ずしも一致するとは限らない。

本章では、聞き手の先取り発話の内容が話し手の意図と一致している場合と一致していない場合の2つに分けて見てきた。全ての結果を表にまとめると、次の表7-3のようになる。

第7章　先取り発話

表 7-3　先取り後の会話の展開型　　　　　　　　　単位:回

会話	一致する場合						一致しない場合			総計
	先取りで完結	話し手が完結	話し手が反応する	話し手が反応して完結	先取りで発話権を取る	小計	反応しない	反応する	小計	
JJ	5	3	4	2	2	16	4	2	6	22
CC	7	14	10	10	1	42	8	6	14	56
CJ	5	3	14	7	2	31	1	2	3	34
計	17	20	28	19	5	89	13	10	23	112

　7.1節で見た先取りが話し手の意図と一致する場合は、先取りの後の会話の展開には、聞き手の先取りで完結する型、話し手が続けて完結する型、話し手が反応を示す型、話し手が反応を示して完結する型、聞き手がそのまま話を続ける型の5種類が見られる。聞き手の先取り発話は、その話題について知っている立場からの表現で表す場合と異なる立場で発言する場合がある。また、内容的には話し手の発話につながるものであっても、言語的にはつながらない表現で表す場合がある。さらに、聞き手は話し手と一緒になって文を作り上げ、途中で話す役割・聞く役割という役割分担の区別はなくなっている場合も見られる。

　7.2節で見た先取りが話し手の意図と一致しない場合は、話し手はそれを無視して自らの発話を完結させていく型と、それに対してなんらかの反応を示してから話を進めていくという展開が見られる。日本人は相手の先取りが自分の言おうとする内容と一致していなくても、相手の発話を受けとり、肯定的な対応を示してから発話を続けていくケースが多い。また、聞き手は自分の予測が違っているということが分った時点で直ちに「私の予測は違いました」或いは「あなたの言ったことが分かりました」などの態度を相手に伝えることが多い。つまり、聞き手の先取りが話し手の意図と不一致の場合、日本語母語話者は明示的な修正はしないが、話し手が暗示的に修正する、あるいは聞き手が暗示的に修正するという2つの修正方法が見られる。それに対して、中国人は相手の先取りを無視して、自分の言いたいとおりに発話を完結させたり、相手の発話内容を否定したりする例が見られた。これは、「几帳面」「主張しない」日本人と「大雑把」「自己主張が強い」中国人の性格の異なりの体現ではないかとも考えられる。一方、接触場面においては学習者にそのような例がはっきりと見られていない。しかし、今後日本人との異文化コミュニケーションを行う際に支障が起こらないように、中国語を母語とする学習者に指摘しておいた方がいいだろう。

第8章
日本語教育の立場から見る学習者の問題点

　適切なあいづちは円滑なコミュニケーションの促進に重要な役割を担っている。しかし、不適切なあいづちを使ってしまうと、逆に相手に「不安・不愉快」などの感じを与えてしまい、話し手の話す意欲がなくなり、コミュニケーションの差し障りになる可能性がある。また、相手の気持ちを配慮せずに発話権を取ったりすると、失礼だと思われることがあり、特に注意する必要がある。

　本章では、あいづちの使用、及び不使用によって、問題が起こり得ることを中心に、学習者の不適切な表現に着目して考察していくことにする。学習者の問題点を明らかにすることによって、日本語教育現場ではどのように指導すればよいかなど、教育上の示唆を得ようと考えている。

　以下では、本調査で見られた学習者の問題点を8つ取り上げ、例を見ながら順に考察していくことにする。

 目上の相手に対する待遇性の低いあいづち詞の使用

　学習者は相手との親疎関係や上下関係によってあいづち詞をうまく使い分けることができないということはすでに第5章で明らかになった。特に目上の話し相手に対して待遇性の低いあいづち詞を使用してしまうという問題が顕著である。次の例を見てみよう。

　（網掛けは例に当てはまる部分で、下線は二人の発話が重なっている部分を表す。）

第 8 章　日本語教育の立場から見る学習者の問題点

例 8-1
❶ JT3：ちょっとあのーユーモアがある人って、変な言い方をして、わざとなんか伝える
❷ CS3：　　　　　　　　　　　　　　　　　　　　そうそうそうそう♯
❸ JT3：ことがありますね。
❹ CS3：そうそうそうそう、うん♯

例 8-2
❶ JT3：ちょっとでもおかしいと、「あれ↗」と思いますから、ぺらぺらでも、結構すぐ分かります。
❷ CS3：そうだよね。

例 8-3
❶ JT1：遠いところにちょっと長い旅行に行きますっていうと、あのう、お餞別、でまあそんなたくさんじゃないです、お金を一あげるんですよ。ともらった人はやっぱり、
❷ CS1：うん
❸ JT1：そのもらったお金の、
❹ CS1：うん
❺ JT1：その全部じゃないにしても、例えば千円もらったら五百円分くらいの、
❻ CS1：うん
❼ JT1：お土産を買ってくるとか、何か買ってこなくちゃいけないですね。
❽ CS1：あーそうか。

　例 8-1 では、教師 JT3 の発話に対して CS3 が「そのとおりです」「同意します」ということを示すために、2 で「そうそうそうそう」、4 で「そうそうそうそう、うん」とあいづちを打っている。これらは同等或いは目下の人に使う形式であるが、学習者 CS3 は目上の教師に対して使っている。例 8-2 では、学習者 CS1 が「そうだよね」というあいづち詞を使用しているところは、本来ならその丁寧形「そうですよね」を使用すべきである。例 8-3 では、JT1 の発話を聞きながら、CS1 は 2、4、6 で「うん」、8 で「あーそうか」というふうにあいづちを打っている。どちらもくだけた表現で、目上の人に使用すると、違和感をもたらしてしまうことになる。
　以上の例で示されているように、相手が初対面で、しかも年齢も社会的地位も上となる教師であるにもかかわらず、学習者は待遇性の低いあいづち詞を使用していることが多数観察され、最も目立つ問題点であることが本

調査で分かった。この問題が現れる原因を追及してみると、まず母語からの影響が挙げられるだろう。中国語のあいづち詞には待遇性がなく、相手によって使い分ける必要がない。そのうちに「嗯」が最もよく使われるものであることが第5章で明らかになった。水野(1988)にも指摘されているように、中国語のあいづち詞「嗯」が日本語の「うん」と発音が似ている。しかし、中国語の「嗯」はどんな相手に対しても使えるのに対して、日本語の「うん」は待遇性が低く、親しくない人や、目上の人に使ってはいけない。それで、中国語を母語とする学習者は、母語干渉で日本人との接触場面においてもついつい「うん」と言ってしまう可能性がある。

　また、石田(2005)は日本人同士の会話で使用されたあいづち「ええ」に関する、ニュージーランド人日本語学習者と日本語母語話者の認知と解釈を比較し、日本語母語話者は「ええ」が丁寧であると解釈しているが、学習者はそのような解釈はしていなかったという結果が得られた。このことから、中国人学習者はニュージーランド人学習者と同じように、あいづち詞に関してどういうものが丁寧であるか、どういうものが丁寧ではないか、というような正しい使い方についての認識がないことが推測できる。そのため、コミュニケーション場面で使い分けがちゃんとできていないと考えられる。

8.2　重複形あいづち詞の過剰使用

　下記の例のように、目上の人に対しても、学習者は「はいはいはい」「そうそうそう」など同じ種類のあいづち詞を2回以上繰り返すことが多いという傾向がある。

例8-4
❶ JT7：一年生向けには、あのー概説をしてます。
❷ CS7：あー
❸ JT7：もうあのー、作品を読むんじゃなくて、
❹ CS7：はいはい
❺ JT7：こういう作家がいて、
❻ CS7：はいはい
❼ JT7：こういう内容でっていう、
❽ CS7：はいはいはい

第 8 章　日本語教育の立場から見る学習者の問題点

例 8-5
❶ JT3：CDがよく付いてるので、<u>CDを聞いて</u>、<u>聞いてみる聞き比べてみて</u>、どこが違う
❷ CS3：　　　　　　　　　　　<u>うん♯</u>
❸ CS3：　　　　　　　　　　　　　　　　　　<u>はいはいはいそうそうそう</u>
❹ JT3：かを、ちゃんとあのー比べてみるとか…

　例 8-4 では、日本人の教師 JT7 が授業内容について説明しているところで、学習者 CS7 は聞き手として「はいはい」「はいはいはい」とあいづちを打っている。例 8-5 では、日本語教師である JT3 が CS3 の「日本語の発音はどうやったらうまくなる↗」という質問に丁寧に回答しているところで、CS3 は❸のように「はいはいはいそうそうそう」というふうにあいづちを打っている。重複形のあいづちを使用しすぎると、どうも「もう分かった、言わなくていい」「もう聞きたくない」「もう興味がないから次へ」という合図になり、相手に発話を終了させる意味があると捉えられがちである。失礼に当たることもあり、特に目上の人には使ってはいけない表現形式なのではないかと考えられる。相手に不快感を与えないように、重複形のあいづち詞を過剰に使用しないよう学習者に注意した方がよいだろう。

8.3　新しい情報に対する不適切な表現

　相手の提供した新しい情報に対して、本来なら「そうですか」などの表現を使うべきところで、学習者は「うん」や「はい」など適切ではない表現を使用してしまうことがある。例を見てみよう。

例 8-6
❶ JT3：私高校生の時に読んでるね。<u>なんか</u>あんまり、高校 1 年生<u>くらい</u>。もうだから、
　　　すごく昔。
❷ CS3：　　　　　　　　　　　<u>うん♯</u>
❸ CS3：　　　　　　　　　　　　　　　　　　　　　　<u>♯そうそうそう</u>

例 8-7
❶ JT1：みんなにお餞別は要らないから、その代わりにお土産も買ってこないからって
　　　言って、
❷ CS1：うん

中日反馈语及听话者会话策略研究

❸ JT1：出かけます。
❹ CS1：大丈夫ですか、みんな。
❺ JT1：大丈夫ですよ。若い人は大丈夫です。
❻ CS1：うん

例 8-8
❶ JT5：うんー。まあ住みやすかったですよ。私はあのう野菜が好きだから、
❷ CS5：あっ、はい
❸ JT5：鄭州のすぐ近くに、農村がたくさんあるんですよね。
❹ CS5：分かる。

　例 8-6 では、話し手 JT3 がある小説を読んだのが高校 1 年生の時だったという話をしているところで、CS3 は「そうそうそう」と同感の意味を持つあいづち詞を使っている。例 8-7 では、「若い人は大丈夫です」という新しい情報を聞いた後、CS1 は「うん」とあいづちを打ち、「それが正しい」という意味だと理解されがちである。例 8-8 では、JT5 の「私は野菜が好きだから」という話に対して、学習者 CS5 は「あっ、はい」と言っている。
　このように、話し手から未知の情報を得たにもかかわらず、学習者はあたかもその情報を知っていて、「その情報が正しい」などの意味を表すあいづち詞を使用してしまうことがしばしばある。
　また、話し手から新しい情報を得たのに、学習者は「そうですね」など共感を表すあいづち詞を使ってしまうこともある。次の例を見てみよう。

例 8-9
❶ JT1：だから私は餞別をもらうのはきらいです。
❷ CS1：あーそうですね。

例 8-10
❶ JT9：テレビドラマまた、取り直すんですよ。
❷ CS9：そうですね。はいはい。
❸ JT9：北京で。
❹ CS9：あーそうか。

例 8-11
❶ JT3：私質問はだいたい日本語でみんな頑張って、なんとかこうしてこようとするので、基本的には日本語ですねえ。

第 8 章　日本語教育の立場から見る学習者の問題点

❷ CS3：そうですよね。

例 8-9 の「私は餞別をもらうのはきらい」、例 8-10 の「テレビドラマはまた取り直す」、例 8-11 の「私は日本語で授業をする」というのは話し手が提供した新しい情報である。それに対して、学習者はそれぞれ「あーそうですね」「そうですね」「そうですよね」とすでに知っていて、同感を示す機能を持つあいづち詞で反応している。このように不適切なあいづちを打つことによって、「知らないくせに!」と相手に違和感を与えてしまう恐れがある。

8.4 共感・同意を示すべきところでの不適切表現

「そうですね」などのあいづちによって共感・同意を示すことが期待されている所で、学習者はただ「聞いている」或いは「分かった」という機能を持つあいづち「はい」「うん」などを使用していることが見られる。話し手に「相手がこの話に興味・関心がない」「退屈しているのではないか」と感じさせることが考えられる。例を見てみよう。

例 8-12
❶ JT5：あのう、面白いところがたくさんあってもね、勉強できないし、うん、と思いますよ。
❷ CS5：はい。

例 8-13
❶ JT2：で最近栄じゃなくて名古屋駅前の方が、
❷ CS2：うんー。
❸ JT2：あのうどんどんこう、開発でね、新しいビルがまたできましたね。
❹ CS2：うん。
❺ JT2：だからーね、あのう若い人はあっちの方に行くかもしれませんね。
❻ CS2：うん。

例 8-12 では、話し手の「面白いところがたくさんあると勉強できない」という発話を聞いた後、学習者 CS5 は「はい」とあいづちを打っている。「聞いている」或いは「分かった」ことが伝わるが、この反応で CS5 が JT5 の話に同感しているとは思われがたいだろう。例 8-13 では、相手の3と5の発話に対して、本来なら「そうですね」などによって「私もそう思います」のよう

なことを相手に伝えるべきであるが、ここで聞き手 CS2 は 4 と 6 でただ「うん」というあいづちを打っており、どうも「冷たい態度だなあ」と思われがちである。

このように、共感を示すべきところで違う機能を持つあいづちを打つと、話し手に自分の話に興味を持っていないなど、不愉快な感じを与えてしまう恐れがあるので、注意を払うことが必要だと思われる。聞き手のあいづちによるさまざまな共感の表示や感情の表出は、話し手と感情や態度を共有し、会話を円滑に進める効果的な機能を持つため、日本語の授業でこれに関する練習を積極的に取り入れることが大切だろう。

相手の謙遜表現に対する不適切な反応

例 8-14

❶ CS5：中国語しゃべれますね。
❷ JT5：少しねー。でも、少しだけなんです。恥ずかしいですけど、買い物くらいはできますけどね。
❸ CS5：はい。

例 8-15

❶ JT4：あれ↗2 百万以上もちろんいるし、3 百万はいないかな、
❷ CS4：　　　　　　　　　　　そうですね。
❸ CS4：あーー。
❹ JT4：って感じなんで、
❺ CS4：はい。
❻ JT4：ちょっと自信がないですけど。
❼ CS4：あーそうですね。

例 8-16

❶ JT4：私も修論書いた時本当に苦しくて、やっぱり土台がちゃんとしっかりしてないなあと思いながら、でも締め切りは迫ってくるし、…
❷ CS4：そうですね♯

例 8-14 では、相手の「恥ずかしいですけど、買い物くらいはできますけどね」という発話に対して、学習者 CS5 は「はい」で反応している。同意を表明していると解釈されやすい。例 8-15 では、教師 JT4 の発話「ちょっと自信が

第8章　日本語教育の立場から見る学習者の問題点

ないですけど」に対して、CS4は「あーそうですね」と言い、「そのとおりです」という意味を表すことになってしまう。例8-16も例8-15と同様に、JT4の「修論の土台がちゃんとしっかりしていない」という発話を聞いた後、CS4は「そうですね」とあいづちを打っていて、「賛成です」「私もそう思います」という意味の現れになってしまう。

このように、相手の謙遜言葉に対して適切ではない反応を示すと、失礼な感じがしてしまう。「いえいえ」「そんなことないですよ」など、相手の謙遜の話を否定するなど、あいづちを適切に打つことも話し手に配慮する一つの手段ではないかと考えられる。

以上の8.1～8.5は学習者が不適切なあいづち形式を使用してしまうという問題点である。これからの8.6～8.8はそれ以外の問題点についての分析となる。

8.6 あいづちを打つべき箇所で打たずに沈黙する

あいづちを打つべきだと思われるところで、学習者はあいづちを打たずに何秒間も沈黙することがある。まず、教師との会話例を見てみよう。

例8-17
❶ JT2：名古屋圏、の経済がとてもいいので、まあ名古屋はまあまあいいんですけど。でも名古屋の人ってだいたいおとなしいっていうか、あんまりなんかすごく主張しないっていうね、そういうところですね。大阪と東京に挟まれてね、真ん中ですから。だから、うんー、ちょっと保守的なところもあるし｛笑｝、うん。だからそれがこう大都市じゃないって｛笑｝、というふうに思うかもしれません。大都市っていうのは、やっぱりいろんな人が入ってくるから、
❷ CS2：うん。
❸ JT2：活気があって。東京なんかそうですよね。
❹ CS2：そう、ですね。

例8-17のように、話し手の発話途中に、笑いなどの非言語的な表現を除いて、学習者CS2はあいづちを一切打っていない。聞き手の反応がないと、話し手にとって、相手が聞いているかどうか、或いは自分の話に興味を持っているかどうかと不安になり、話をうまく進められなくなる場合がある。フォローアップ・インタビューでJT2に会話時の思いについて聞いたところ、JT2は、「『主張』や『保守的』などを言ってしまったので、もし

かして話の内容がCS2にとってちょっと難しいかな、それに、CS2が日本に来たばかりなので、名古屋のことはまだ分からないかもしれないと思って、とにかくこの話題はこれで終わりにしようと思いました」と述べた。つまり、CS2の反応を得ないため、JT2は不安に陥り、次で話題を変えたことが分かる。

友達同士の会話にもこのようなことが見られる。次の例を見てみよう。

例8-18

❶ JF4：…なところに電話したら、なんかそこの(笑)人が、あのーワン先生っていう人に電話してくださいとかって言われてて、その携帯番号を教えられ/携帯↗そう、部屋番号、部屋のうちの、

❷ CS4：　　　　　　　　　　　　　　　　　　　　　　　あーーーー＃＃

❸ JF4：電話番号教えられたから、もう一回そっちに掛け直して、でお金はどう、送る、一緒に送るべきか、みたいな感じのそういう話をして、

❹ CS4：あっ、したんだ。

この例8-18では、相手の話の内容が分かるまでに、学習者CS4はほとんどあいづちを打たずに聞いている。聞き手のあいづちを得てからこそ、話し手は安心して話を進行させられる。コミュニケーションが円滑に行われるように、聞き手としては、相手の発話が終了していないところでもあいづちを打ったりして、「ちゃんと話を聞いているよ」などのメッセージを相手に伝えることが重要であろう。

8.7 相手と異なる意見や主張を述べる時の不適切な表現

相手と異なる意見や主張を述べる際、中国人学習者は相手に配慮せずに、単刀直入に言ってしまうことがある。次のような例が見られる。

例8-19

❶ JT8：だから、就職のチャンスはだんだん増えるんじゃない↗

❷ CS8：でも逆に、競争も激しいと思います。留学生が多いから。

❸ JT8：うんー。でも留学生、これから増えるかなー。

第 8 章　日本語教育の立場から見る学習者の問題点

例 8-20
❶ JF4：もともとUFJも使ってたの、そのさっき言ったキャッシュカードが。
❷ CS4：あーそうなの。
❸ JF4：でも(笑)、最近になって、その合併しちゃったことによって、
❹ CS4：でもさ、最近じゃないよ。

例 8-21
❶ JF4：UFJが解約しちゃったらー、そのキャッシュカードを、
❷ CS4：えっ、でも解約せずに、
❸ JF4：うん
❹ CS4：え、でもそのクレジットカードの中に、さい、なんというかなー、一番できるだけ最低の、…

　例 8-19 では、教師 JT8 の「就職のチャンスはだんだん増える」という発話に対して、CS8 は 2 のように反対の意見を述べている。例 8-20 では、相手の発話の途中でありながらも、学習者 CS4 は 4 のように、直ちに割り込んで相手を否定し、「最近ではない」と自分の意見を強調している。例 8-21 では、相手の話しが終了していない所で、学習者 CS4 はあいづちを打たずに、急に反論を話し始めている。

　このように、中国人学習者は話し手の発話後、或いは発話途中に、直ちに自分の反対意見を述べたり、自分の主張を強調したりする傾向がある。このような言語行動は、話し手に失礼だと感じさせたり、不快にさせたりする可能性を否定することはできないだろう。

　中国語母語会話を見てみると、このような特徴がより顕著であることが分かる。次の例を見てみよう。

例 8-22
❶ CT10：二十一天的那种机票到上海也，不贵。
❷ CS10：谁说的呀↗
❸ CT10：现在多少钱了↗
❹ CS10：特别是暑假特别是现在过年假期的时候特别贵。

＜例 8-22 の日本語訳＞
❶ CT10：21 日間往復のチケットだったら、上海まではそんなに高くないです。
❷ CS10：誰がそんなこと言ったんですか↗
❸ CT10：今いくらですか。

❹ CS10：特に夏休み、特に今みたいなお正月の時はすごく高いですよ。

例 8-22では、教師CT10が上海までの航空券がそんなに高くないという話をした後で、CS10は2のようにすぐに反論を言い出している。それに、使う表現はぞんざいで、相手が初対面の教師にしてとても失礼な感じがする。

例 8-23
❶ CT9：一个人的这种生活，没什么，就，就上课呗然后自己做点研究啊。然后，
❷ CS9：啊我觉得，我是说你觉得日本怎么样。
❸ CT9：哦你不是说我在这儿生活怎么样。

＜例 8-23 の日本語訳＞
❶ CT9： 一人暮らしは、何も、ふだんは授業をしたり、自分の研究をしたりしています。
　　　　 それから、
❷ CS9： あっ、私は、日本をどう思いますかと聞いたんですが。
❸ CT9： あーここでの生活はどう↗という意味じゃなくて。

例 8-23では、CT9がCS9の質問を勘違いしたようで、違う話をしている。その発話の途中で、CS9は相手が話を続けるのを急に止めて、「話が違う」という意味を明示し、自分の聞きたいことを強く言い切っている。

以上のことから、相手の気持ちを配慮せずに、自分の意見を直接に出すということに関して、中国人学習者は母語からの影響を受けている可能性が推察できる。

一方、中国人と対照的に、日本語母語話者には全く逆の傾向が見られる。例を見てみよう。

例 8-24
❶ JF1：そこがいやで↗
❷ CS1：うんー#そうそうそう、一人、一人部屋。
❸ JF1：うんうんうん。そこはいやだった↗
❹ CS1：いやじゃないけど、(笑)いやじゃない。

例 8-24では、日本人JF1が学習者CS1に前住んでいた寮がいやでホームステイするようになったかという質問をしたが、CS1は「いや」を「ひとりべや」だと聞き間違ったようで、2のように答えている。CS1の全く違う内容の話に対して、JF1は3で「うんうんうん」とあいづちを打った上で、後半で質問をもう一度聞いた。このように、自分の聞きたいこととずれていても、日本語

第8章　日本語教育の立場から見る学習者の問題点

母語話者は同感を示すあいづちを打ち、相手の話を認めることが多い。あいづちを打つことから、円満な人間関係を維持しようとする聞き手の意図が察することができる。

松田(1988:64)が日本人は、「反対意見を述べる時でも、部分的には相手に同意しているところを伝える調和的な態度を表出することを重要視する文化的な価値体系があり、それにのっとって、協和的・調和的なふりをする話し方が好まれる」と述べている。日本人との異文化コミュニケーショの障害にならないように、学習者に聞き手としてできるだけ相手の気持ちを察し、あいづちを打った上で、自分の意見を述べたりする練習をさせる必要があろう。

8.8 相手の発話途中で急に発話権を取り、話題転換をする

中国人学習者は日本人との会話において、話し手の発話を最後まで聞かずに、相手の発話の途中で急に発話権を取り、話し手の発話とつながらないことを話し始めるケースが多数見られる。次の例を見てみよう。

例 8-25
❶ JT5：でも日本でもそうですね。やっぱり、コミュニケーションが下手になってきて、でうちでゲームばかりやってる子は、友達と遊んででも、二人でゲームを、別別
❷ CS5：うん
❸ JT5：のゲームをやったり、これはね、
❹ CS5：　　　　　　先生は子供さん何人います↗
❺ JT5：えー↗残念ですが、いないんです。

例 8-26
❶ JT3：外国語ではないんだけど、語学を勉強するのに、ねーそのコミュニケーション能力、自分の国の、言葉のコミュニケーション能力が大事だね。
❷ CS3：　　　　　　　　　　うん
❸ CS3：　　　　　　　　　先生の、大学、のとき、専攻は何ですか↗

例 8-27
❶ CS7：じゃあ、中国語もうぺらぺらですか↗
❷ JT7：まあ普通です。

❸ CS7：（笑）普通♯♯♯。
❹ JT7：まあ教えてる/います。
❺ CS7：　　　　授業するとき、一応中国語で教えていますか↗

　例8-25では、JT5はゲームばかりやっている日本の子供について話をしている途中で、CS5はその話に対してあいづちを打たずに、3のところで急に話題に関係ない質問を言い出した。例8-26では、学習者CS3は日本人教師JT3の話を最後まで聞かずに、3のように急に相手の話の内容とつながらない質問をした。例8-27では、JT7の発話の途中に、学習者CS7は何の合図も出さずに、5のところで不意に発話をし始めた。また、中国語教師である相手にそのような質問をするのが、内容的にも失礼なことにあるだろう。

　学習者はこのように相手の話へ適切な反応をせず、その上に相手の発話途中に話題と違うことを急に言い出したり、自分の関心事を聞いたりすることがよく見られる。自分の発話への無関心な態度や、話の最中に割り込んで発話することから生まれる失礼感など、相手に不快な思いを与えると思われる。

　学習者の母語の中国語による会話にもこのような現象がたびたび見られる。

例8-28

❶ CT1：只要出来后你就把，就博士考上了，考上以后呢就肯定会，
❷ CS1：博士还要考试的吗↗

＜例8-28 の日本語訳＞

❶ CT1：日本に来たらまず博士課程の入学試験を受けるでしょう、受かったら、きっと、
❷ CS1：博士課程って入学試験があるんですか↗

例8-29

❶ CF6：晚上也打。白天公司短嘛，白天公司你看只有，星期二星期五要上课呀，不就三天嘛。
❷ CS6：啊—♯。
❸ CF6：三天——，你到了，
❹ CS6：　　　　晚上在哪儿打啊↗

第8章　日本語教育の立場から見る学習者の問題点

＜例8-29　の日本語訳＞
❶ CF6：夜もバイトやってる。昼間の会社の方が時間短いから。昼間の会社の仕事は、火曜日と金曜日に授業があるんで、行けるのが3回だけじゃん。
❷ CS6：あー♯
❸ CF6：3回、<u>あとあれ</u>、
❹ CS6：　　<u>夜はどこでやってる</u>↗

　例8-28と例8-29はそれぞれ学習者と教師、友人との中国語母語会話で、相手の発話の途中に、学習者は割り込んで発話権をとってしまう例である。母語の会話にも頻繁に観察されることから、学習者は母語の影響を受けている可能性が排除できないと言えるだろう。
　割り込んで話順を取ることについて、堀口（1997：101-102）は次のように指摘している。

　　相手が話している途中で割り込んで話順を取るのであれば、まず合図を出して相手にそのことを知らせる。話し手はその合図によって聞き手が話したがっているということを知り、それでもそのまま話し続けるかあるいはそこで話順をゆずるかのどちらかを選ばなければならない。話し手が話し続けている場合には、聞き手はここでは話順を取らない方がよいと判断して合図だけでやめておく。話し手が話順をゆずってくれた場合には、聞き手は合図のあと無理なく話を進めることができ、しかも相手は今度は聞き手として聞く用意ができているはずである。このように、聞き手の話順を取りたいという合図がきっかけとなって、話し手も聞き手もその先の進め方を判断するわけである。

　すなわち、話し手に自分の話に興味を持っていないという感じを与えないために、あいづちを打つことなどによって、発話権を取りたいという合図を出してから行うのがよいだろう。
　また、学習者相手の発話終了後に突然話題を転換させることもある。次の例を見てみよう。

例8-30
❶ JT5：でもこれからどんどんまたね｛♯｝、兵馬俑も掘るそうですからねえ。
❷ CS5：方言もちょっとしゃべるようになりましたか（笑）↗

話し手の発話の後、聞き手はその発話について何も反応をせずに、すぐ次の話題に入ったため、話し手に「自分の言ったあと、話がどこに行っちゃったの?」「せっかく説明したのに!」と相手に不愉快な思いをさせる心配がある。このことについて、郭(2003:55)も取り上げ、「学習者が突然ターンを取り新しい話題を展開したりすると、話し相手は違和感を覚え、自分が発した発話には関心がないのではないかと思われがちである」と述べている。

8.9 本章のまとめ

本章では、あいづちを中心に、学習者の言語行動に不適切だと思われる問題点について見てきた。主に妥当性の欠くあいづち形式を使用することと、あいづちを使用すべきところで使用しないことの二種類に分けられる。

8.1節〜8.5節では、目上の話し相手に待遇性の低いあいづち詞を使用することや重複形あいづち詞を過剰に使用すること、新しい情報や相手の謙遜表現に対して適切ではない表現を使うこと、及び同感・同意を示すべきところで違う表現で反応することについて考察した。

8.6節〜8.8節では、あいづちを打つべきところで沈黙する、異なる意見や主張などを述べる際の不当表現、相手の発話途中で突然つながらない内容の発話をするという問題点について分析した。

このように、日本人との接触場面において、学習者は失礼だと思われる言語行動を取ることが見られる。円滑なコミュニケーションを行うためには、適切なあいづち詞を使用する、また相手の気持ちを配慮しながら発話をするように、学習者に対して指導を行う重要性が考えられる。

第 9 章 中国人日本語学習者へのあいづち指導法

第9章
中国人日本語学習者への あいづち指導法

　会話を円滑に進めていくために、聞き手としては話し手の気持ちを配慮しながら適切にあいづちを打つのが重要である。中国人学習者のあいづちの使用に問題があることがこれまでの考察で明らかになった。日本人とうまくコミュニケーションを取れるように、日本語教育の場であいづちを取り入れ、学習者に適切にあいづちを打てるように指導していくことが望まれる。

　本章では、中国人学習者の問題点を踏まえ、日本語教育において、どのようにあいづちを指導すればよいか、ということについての筆者の意見を述べる。

　あいづちは、一度クラスで取り上げて練習しただけでは定着は難しいと言われているため、それについての指導は、初級から各レベルの発達段階に応じて項目を設定する形を取る方がよいだろう。中国人学習者向けのあいづちの指導案として、以下のように、6つのステップに分けて行っていくことがよいのではないかと考えている。

● **ステップ1：日本語のあいづちに対する認識を高める指導**

　学習者にあいづちを使わせる前に、まず、あいづちがコミュニケーション上で重要な役割を果たしていること、そして、あいづちは中国語にも日本語にも見られる言語行動であるが、両国の文化が異なるため、あいづちの種類や打つタイミングなども異なってくることを学習者に理解してもらう。それから、日本人と会話する際に、あいづちを使用しない、或いは誤ってあいづちを打つと、話し手である日本人に、「ちゃんと話を聞いているかな」「この話にあまり興味を持っていないのかな」「ちょっと失礼だな」「日本語のレ

ベルはまだ低いな」など、マイナスの印象を与えてしまう可能性があることを学習者に説明しておく。あいづちを意識しながら会話に臨む姿勢を養うことがあいづちを使いこなせることの前提となり、指導においての重要な第一歩である。

● ステップ2：あいづちの表現形式についての指導

　あいづち指導の第二段階としては、日本語のあいづちの表現形式、つまり、具体的にどういうものがあるかについて提示することである。まず、一般的によく使われるものから紹介した方がよいであろう。身近な日本人やドラマなどでの登場人物に使用が見かけるもので、定着しやすいと思われる。

　あいづちの表現形式と併せてあいづちの機能についての指導もしておくと、より効果的である。各種類のあいづちが、それぞれどういう機能を持つか、どういう人に、どんな場面で使うか、などのことについての認識を持たせなければならない。

　また、あいづちは言葉によるものだけでなく、うなずきや微笑みなどの非言語的なものも重要な役割を担っているので、あいづち指導を行う際に、音声だけではなく、人の表情や頭の動き、ジェスチャーなどが見られる視聴覚教材の使用が望まれる。

● ステップ3：あいづちの待遇性についての指導

　待遇性を考慮したあいづち詞の使い分けができないということは、中国人学習者の使用において最も大きな問題であることが本研究で明らかになった。友達に使うようなあいづち詞を目上の人に対しても使ってしまうことがしばしば観察されるため、「友達に使うもの」と「目上の人に使うもの」を分けて提示し、覚えてもらうことが大切である。また、母語からの影響があると見られるため、中国語と対照しながら日本語のあいづち詞を説明した方がよいだろう。学習者にとって、分かりやすくて印象に残りやすい。例えば、日本語の「うん」と中国語の「嗯」をセットにして、両者の共通点と相違点を比較しながら提示する。敬意の高いものと敬意の低いものの分け方が分かれば、目上の人に待遇性の低いものを使うことが少なくなると思われる。

　また、個別項目として、「はいはいはい」など重複形のあいづち詞を使いすぎると、相手の話をさえぎることになり、失礼にあたることも注意しておく

第 9 章　中国人日本語学習者へのあいづち指導法

必要がある。

● **ステップ4：あいづちのタイミングについての指導**

　あいづちをタイミングよく打つと、話し手は話を先に続ける意欲を高めるので、会話はよりスムーズに進められる。逆に、あいづちの打つタイミングが悪かったら、相手に違和感を与えてしまい、会話の進行上の障害となる恐れがある。したがって、あいづちのタイミングについての指導は不可欠である。あいづちを打つタイミングには、発話後、発話途中のポーズ、発話に重なる部分の3つがあるが、日本人と比べて、中国人学習者は相手の一段落の発話が終わるまで、あいづちを打たずに沈黙して聞く傾向がある。日本語の会話では、相手の発話の途中でもあいづちを打ちながら聞くということが失礼ではなく、肯定的な人間関係を築くのに繋がることを学習者に伝える必要があると考えられる。

● **ステップ5：共感などの感情を表すあいづちについての指導**

　聞き手が話し手の発話をただ聞いているだけではなく、心理的にもコミュニケーションに参加していることを話し手に伝えることが大切である。相手の発話への興味、関心、感情などを示すと、話し手はその反応をもとにして、さらに話を発展させることができる。これらのあいづちを打てるようになるには相手の発話内容への理解が前提となる。つまり、話の内容が分からなければ同感や驚き、悲しみ、同情などの信号を送るのが無理だろう。中級レベルになると、学習者はある程度語彙力や聞き取り能力を身につけてくるので、この項目についての指導を開始した方がいいだろう。しかし、残念ながら、日本語教育現場において、実際に指導をほとんど行わないのが現状である。堀口(1997)は8種類の教科書[1]を分析した結果、教科書で使用されているあいづちは、「聞いている」あるいは「理解している」ということを表すのがほとんどで、「同意」「否定」「感情の表出」を表す用例はわずかであることを報告している。中国人学習者は同感などを表すあいづちを使うべきところで、ただ「聞いている」「分かった」という意味を表すあいづちを使用している、という問題があることが前章の分析で分かった。ただ聞いていることを伝えるのではなく、発話への共感や自分の感情を表に出し、話し手と感情や態度を共有することも大切であることを学習者に

---

[１]　堀口(1997：129)を参照されたい。

伝え、そして自然に使えるように徐々に練習させていくべきである。

また、日本語母語話者によく使われるが学習者にはなかなか定着しにくいあいづち詞、例えば「え系」や「なるほど系」などをこの段階で提示し、身につけさせていくことが大切である。あいづちのバリエーションが増えると、会話が上手に聞こえて、学習者の日本語レベルが一層高く評価されるだろう。

● **ステップ6:話順取りなどについての指導**

日本語では新たなターンを開始するときは、前置きとしてあいづちを打つことが望ましいが、中国人学習者はあいづちを打たずに急に発話権を取ることがたびたび見られる。堀口(1997)によると、聞き手によるターン取りは、直前の話し手の発話とのつながりを示すようなマーカーをいれると、発話の流れが滑らかになり、話し手と聞き手の役割交替が円滑に行える。また、郭(2003)は、ターンの冒頭で相手の発話に了解、同意などの反応を示してからターンを取ると、相手への配慮を示しながら発話権を取ることになり、相手に違和感をおこさせることなく話をスムーズに進めることができると述べている。

これまでのあいづち指導が提案された先行研究の中に、岡崎(1987)は、聞き手中心の談話指導を行い、あいづちを打つ訓練の延長線上に話順を取る訓練を導入しているという報告がある。中国人学習者にも、話順を取る前にあいづちを入れる習慣をつけるように、練習させることが大切である。あいづちを打つことによって、直前の発話の内容を引き継ぎ、それと次の自分の発話の内容とのつながりを示すこともできる。

また、学習者は相手の発話に対して異なる意見を述べる際、相手の気持ちを考慮せずに、そのまま言ってしまうことがある。直接的に反対の意見を表明するというより、相手の話をある程度肯定してから自分の意見を述べるという流れで会話を進めると、不快な態度を少し和らげることができる。相手に不快感を起こさせない、或いは軽減するように、意見を述べる前に、適切なあいづちを打つように指導することが望まれる。

本調査で分析対象とするのは中国人上級学習者である。学習者たちは日本人と同じ程度に先取り発話をしていることが分かった。しかし、日本人と異なり、学習者は相手の話の途中で先取り発話をし、それだけで終わるのではなく、その後に実質発話を続けることが多い。相手から直接に発話権を取ってしまうので、特に相手が目上の人である場合、失礼に当たることに

第 9 章　中国人日本語学習者へのあいづち指導法

なる。このことから考えると、先取りを上級レベルの学習項目として取り入れる必要があると考えられる。また、先取りが話し手の意図と違っていた場合の修復、訂正の仕方と併せて練習させた方がよいであろう。

第 10 章

おわりに

10.1 まとめ

　あいづちが欠けると、会話が進められなくなる可能性があり、対人コミュニケーションの中であいづちは重要な役割を担っている。あいづちを打つということは、話し手を丁重にもてなす態度を示し、会話参加者間の関係を親和的な方向に調整するということである。近年あいづちが重視され、盛んに研究されるようになってきた。しかし、まだたくさんの課題が残されている。例えば、①日本語母語場面、中国語母語場面、接触場面を併せて多角的に検討するものはまだ見当たらない、②待遇性の観点からの分析はない、③あいづち連鎖や先取りなどを考察に入れるものは少ない、等等である。本稿は膨大なデータを用いて、上述の3場面を全て分析の対象とし、中日対照と学習者の習得を連携させた実証的研究である。本研究の分析によっていくつかの課題が解決でき、あいづち研究の空白を埋め、そして日本語教育に少なからず貢献できたのではないかと思われる。

　具体的には、日本語母語話者、中国語母語話者、中国人日本語学習者は、それぞれ①どのような形式のあいづちを使用しているか、②あいづちはどの位置で打たれ、そしてその後の発話権はどうなるか、③先取り発話の後、どのような談話展開があるか、というのを明らかにすることを目的とした。分析は、待遇性の観点から「あいづちの表現形式」「あいづちの出現場所と発話権交替の関わり」「先取り発話」の三つの部分に分けて行った。

　以下では、本研究で得られた結果についてまとめる。

第 10 章 おわりに

10.1.1　表現形式

(1) あいづちの表現形式

　あいづちの表現形式を分析する際に、まず、「あいづち詞」「繰り返し」「言い換え」「先取り」「うなずき」に5分類し、日本語母語会話、中国語母語会話、学習者の接触場面会話の順に考察した。分析の結果、日本人は友人との会話より教師との会話の方があいづちの頻度が高く、特に「あいづち詞」と「うなずき」をより多く用いており、「聞いている」「理解している」などの態度を積極的に相手に示していることが分かる。学習者にも同じ結果が得られた。一方、中国人は教師に対して「繰り返し」をより多く使用していることを除いて、他の4項目においては対友人と対教師の間に差が見られなかった。

(2) あいづち詞

A. 形式の視点からの分析

　次に、「あいづち詞」を取り上げ、まず、「は系」「うん系」「そ系」「あ系」「え系」「お系」「その他」の7種類に分けて、形式の角度から考察した。その結果、日本人は友人には「うん系」、教師には「は系」を最も多く使用し、聞き手が目上の場合、目下の場合によってあいづち詞の使い分けをしていることが明らかになった。それに対して、中国語のあいづち詞には待遇性がなく、中国人は友人と教師のどちらに対しても「嗯系」を最も多く使用していること、及び「対対対」「嗯嗯嗯」など繰り返し形のあいづち詞を多用しているという特徴があることが明らかになった。一方、接触場面において、中国人学習者は、日本人と同様に教師に対して「は系」と「そ系」をより頻繁に使用しているが、「うん系」と「あ系」に関しては日本語母語話者との間に相違が見られた。学習者は母語の中国語の影響で目上の相手に対しても「うん系」や繰り返し形のあいづち詞を過剰に使用していることが分かった。

B. 丁寧度の視点からの分析

　あいづち詞を「丁寧系」「中立系」「非丁寧系」の3種類に分け、学習者と日本人に使用されたものを比較した結果、接触場面において、学習者は親しい友人に「丁寧系」の多用、初対面の教師に「非丁寧系」の多用があり、また、丁寧系と非丁寧系のあいづち詞を混用していることが多く、日本人のように聞き手との関係を配慮し、丁寧度レベルの異なるあいづち詞をうまく使い分けることはまだできていないことが明らかになった。

10.1.2　出現場所と発話権交替

　あいづちのタイミングについての従来の研究は、どんなところにあいづちが入れられるかということを主に扱っている。本研究においては、あいづちの現れる箇所に拘泥せずに、あいづちが打たれた後会話はどう展開されていくかということにも着目し、あいづちを含む話段を12パターンに分類し、あいづちと発話交替の関わりを解明しようとした。

(1) 聞き手としてあいづちを打つ場合(パターン①～⑧)

A.　発話の途中(パターン①～④)

　まず、発話権が相手に握られ、JSとCSが聞き手としてあいづちを打つ立場に立っている場合において、相手の発話の途中に入れるあいづちは、相手に発話権を維持させる働きをしているものがほとんどであるという結果は、JJ、CC、CJの三者に共通している。また、学習者は日本語母語話者と同様に、目上の相手と会話する際こそ、真剣に聞いている、あるいは興味深く聞いていることを相手に伝えるために、相手の発話と重ねてあいづちを打つことが多い。

B.　発話終了後(パターン⑤～⑧)

　一方、相手の発話が終了後にあいづちを打つ場合、JJ、CC、CJはいずれもあいづちを打つことによって発話権を相手に譲る傾向がある。日本語母語話者は、相手が異なっても使用傾向がほとんど変わらない。それに対して、接触場面において、学習者は友人に対してより積極的に発話権を取るが、教師に対して発話権を取るのを抑えている。これは、母語の中国語会話の結果とかなり近い。

(2) 話し手として発話権を握っている場合(パターン⑨～⑫)

　次に、JSとCSは話し手として発話権を握っている場合において、相手のあいづちに対して、日本人はあいづちを打つことによって発話権を相手に譲ることが多い。発話権を維持する場合でも、相手のあいづちに対して肯定などの反応を示してから次へ進めていくことが多く、特に相手が目上の教師である場合、この傾向はより顕著である。それに対して、中国人は話し手としてそのまま発話権を維持する傾向がある。接触場面において、学習者は相手のあいづちを得た場合、自らもあいづちを打ち、その後発話権を相手に譲ることが多く、日本語母語話者の使用に近いという結果が得られた。

第10章 おわりに

10.1.3 先取り発話

本稿の3つ目の分析焦点は先取り発話である。先取りは高いレベルのあいづち行動である。本研究では先取りが話し手の意図と一致する場合と一致しない場合に分けて、聞き手の先取りと話が先取りされた話し手の反応を併せて考察した。

(1) 話し手の意図と一致する場合

聞き手の先取り発話が話し手の意図と一致する場合において、その後の会話の展開には、①聞き手の先取りで完結する型、②話し手が続けて完結する型、③話し手があいづちなどの反応を示す型、④話し手が反応を示して完結する型、⑤聞き手がそのまま話を続ける型の5種類が見られる。聞き手の先取り発話は、その話題について知っている立場からの表現で表す場合と異なる立場で発言する場合がある。また、内容的には話し手の発話につながるものであっても、言語的にはつながらない表現で表す場合がある。さらに、聞き手は話し手と一緒になって文を作り上げ、途中で話す役割・聞く役割という役割分担の区別はなくなっている場合も見られる。

(2) 話し手の意図と一致しない場合

聞き手の先取り発話が話し手の意図と一致しない場合は、話し手は相手の先取りに反応する型と反応しない型の2種類が見られる。相手の先取りが自分の言おうとする内容と違う場合において、日本人は相手の発話を受け取り、肯定的な反応を示してから発話を続けていくことが多い。また、聞き手は自分の予測が違っていることが分った時点で直ちに「私の予測は違いました」或いは「あなたの言ったことが分かりました」などの態度を相手に伝えることが多い。それに対して、中国人は無視して自分の発話を完結したり、或いは相手の先取り内容を否定したりする傾向があることが分かった。

10.1.4 日本語教育への応用

本調査で見られた学習者の問題点を取り上げ、①目上の相手に対する待遇性の低いあいづち詞の使用、②重複形あいづち詞の過剰使用、③新しい情報に対する不適切表現、④共感・同意を示すべきところでの不適切表現、⑤相手の謙遜表現に対する不適切な反応、⑥あいづちを打つべき箇所で打たずに沈黙する、⑦相手と異なる意見や主張を述べる時の不適切な表現、⑧相手の発話途中で急に発話権を取り、話題転換をする、の8つにまとめた。失

礼だと思われる言語行動を分析することによって、学習者に指導を行うポイントが示せたと考える。

　また、中国人学習者のこれらの問題点を踏まえ、日本人と円滑にコミュニケーションを行うための具体的なあいづちの指導案として、①日本語のあいづちに対する認識を高める指導、②あいづちの表現形式についての指導、③あいづちの待遇性についての指導、④あいづちのタイミングについての指導、⑤共感などの感情を表すあいづちについての指導、⑥話順取りなどについての指導、の6つのステップを提示した。

　学習者は文法的に正確な文や発話が流暢に表現できたとしても、あいづちを適切に打てなければ、コミュニケーション能力が十分にあるとは言いがたい。本研究の成果は、第二言語としての日本語教育の会話指導等に少しでも示唆が与えられれば幸いである。

10.2　今後の課題

　あいづちの使用には個人差がある。本調査で扱う被験者の人数が少ないため、得られた結果は一般化しにくいと思われる。今後被験者の人数を増やし、さらに分析しなければならない。また、今回はフォローアップ・インタビューを行ったが、事前の準備がよくできなかったため、確認できない点がいくつか残っている。調査を行う前に緻密な計画を立てるべきであったと痛感している。

　あいづちの形式についての量的分析のところで、今回はt検定という統計手法を用いて分析を行った。しかし、頻度データの場合、データの偏りが大きい場合には、t検定はあまり向いていない。今後統計処理法を見直し、より適切な方法を再検討する必要がある。また、今回は15分の間に使用されたあいづちの回数というふうに単純にあいづちを数えたが、聞き手としての実際の聞く時間を計り、厳密に頻度を出さなければならない。本来なら、全ての分析項目を複数の判定者で判定したほうがより信頼性が高いが、残念ながら、今回は時間の関係で複数判定は一部しかできなかった。今後これも含めて分析方法について検討する必要がある。

　あいづちは形式からの分析だけでは不十分で、イントネーション、強さ、長さ、高さなども重要な要素である。例えば、イントネーションが異なると、丁寧度からの分け方も異なってくる場合がある。今後音声的な面からの検討もさらに加える必要があるだろう。また、本稿は得られた結果を述

第10章 おわりに

べ、表面的な分析に止まっている部分がある。今後、ポライトネスの観点からの考察など、より深いより緻密な質的分析を行わなければならない。

第8章で分析したように、学習者のあいづち使用において適切ではないという問題が実際にいくつも存在するので、日本語教育では重視しなければならない。今後あいづちの使用問題についての分析をさらに深め、学習者のあいづちの誤用並びに正用を研究すれば、そこからあいづちの効果的な指導法を確立するための示唆が得られるのではなかろうか。

学習者があいづちの習得のために利用できるのは、教科書の会話例、教室での教師のあいづちのインプットと教室外の自然環境におけるインプットだと思われる。しかし、自然環境で接するインプットのすべてに学習者が注意を払い、気付き、中間言語に取り入れるわけではない。特に会話の実質的な内容に関わらない言語行動であるあいづちに十分な注意が向けられることを期待するのは難しいであろう。日本語の会話に不可欠なあいづちを学習者に習得させるためには、あいづちを重要な学習項目の一つとして日本語教育でより積極的に取り上げ、教室で意図的そして体系的に教育する必要がある。あいづちの効果的な指導法を探ることが今後のもっとも重要な課題である。またあいづち指導のための具体的なシラバスやビデオ教材を作成することも今後の重要な課題の一つであろう。

参考文献

(1) 石田浩二(2005)「ニュージーランド人日本語学習者の相づち『ええ』についての知識―母語話者と学習者の解釈の比較―」『日本語教育』127号，pp.1-10

(2) 市川熹(2005)「マルチモーダル音声対話コーパスの収録とうなずきの分析」『特定領域研究 韻律に着目した音声言語情報処理の高度化』, pp.1-8
www.gavo.t.u-tokyo.ac.jp/tokutei_pub/houkoku/corpus/ichikawa.pdf
(2009年9月3日)

(3) 今石幸子(1994)「話し手の発話とあいづちの関係について」『大阪大学日本学報』13, pp.107-120, 大阪大学文学部日本学研究室

(4) 今石幸子(1998)「日本語学習者のチュートリアルにおけるあいづちとその周辺―フォローアップ・インタビューによる談話分析を中心に―」『阪大日本語研究』10, pp.111-127, 大阪大学文学部日本学科(言語系)

(5) 宇佐美まゆみ(2002a)「ポライトネス理論の展開(8)ディスコース・ポライトネス理論構想(2)―発話行為レベルの絶対的ポライトネスから談話レベルの相対的ポライトネスへ―」『月刊言語』Vol.31, No.9, pp.100-105, 大修館書店

(6) 宇佐美まゆみ(2002b)「ポライトネス理論の展開(9)ディスコース・ポライトネス理論構想(3)―無標ポライトネスという概念―」『月刊言語』Vol.31, No.10, pp.98-103, 大修館書店

(7) 大塚容子(2005)「テレビインタビュー番組におけるあいづち的表現―ポライトネスの観点から―」『岐阜聖徳学園大学紀要』外国語学部編, 44号, pp.55-69, 岐阜聖徳学園大学

(8) 岡崎敏雄(1987)「談話の指導―初～中級を中心に―」『日本語教育』62号, pp.165-178

(9) 郭末任(2003)「自然談話に見られる相づち的表現―機能的な観点から

参考文献

　　　出現位置を再考した場合—」『日本語教育』118号,pp.47-56
(10) 喜多壮太郎(1996)「あいづちとうなずきからみた日本人の対面コミュニケーション」『日本語学』Vol.15,No.1,pp.58-66,明治書院
(11) 窪田彩子(2000)「日本語学習者の相づちの習得—日本人との初対面における会話資料を基に—」『南山日本語教育』第7号,pp.76-114,南山大学大学院外国語学研究科
(12) 久保田真弓(1998)「日本語会話にみられる『共話』の特徴—日本人とアメリカ人によるあいづち使用の比較から—」『情報研究』第9号,pp.53-73,関西大学総合情報学部
(13) 久保田真弓(2001)『「あいづち」は人を活かす』廣済堂出版
(14) 黒崎良昭(1987)「談話進行上の相づちの運用と機能—兵庫県滝野方言について—」『国語学』150,pp.109-122,日本語学会
(15) 小宮千鶴子(1986)「相づち使用の実態—出現傾向とその周辺—」『語学教育研究論叢』第3号,pp.43-62,大東文化大学語学教育研究所
(16) 近藤富英(2005)「非言語行動である「うなずき」の機能とその役割への一考察」『人文科学論集 文化コミュニケーション学科編』39,pp.55-63,信州大学人文学部
(17) ザトラウスキー・ポリー(1991)「会話分析における「単位」について—「話段」の提案—」『日本語学』Vol.10,No.10,pp.79-96,明治書院
(18) ザトラウスキー・ポリー(1993)『日本語の談話の構造分析—勧誘のストラテジーの観察—』くろしお出版
(19) 杉戸清樹(1987)「発話のうけつぎ」『国立国語研究所報告92 談話行動の諸相—座談資料の分析』三省堂
(20) 杉戸清樹(1989)「ことばのあいづちと身ぶりのあいづち—談話行動における非言語的表現—」『日本語教育』67号,pp.48-59
(21) 田中妙子(1998)「会話における＜先取り＞について」『早稲田大学日本語研究教育センター紀要』10,pp.17-40,早稲田大学日本語研究教育センター
(22) 陳姿菁(2002)「日本語におけるあいづち研究の概観及びその展望」『言語文化と日本語教育』2002年5月増刊特集号,pp.222-234,日本言語文化学研究会
(23) 陳姿菁(2005)「日台の電話会話における新たなターンの開始：あいづち使用の有無という観点から」『世界の日本語教育』15号,pp.41-58,国際交流基金

(24) 富永由美子(2000)「あいづち研究:ブラジル人日本語学習者へのあいづち指導の模索」『国際基督教大学学報』1-A,42巻,pp.177-189,国際基督教大学教育研究所

(25) 中島悦子(2000)「あいづちに使用される『はい』と『うん』―あらまたり度・待遇度から見た出現実態―」『ことば:女性による研究誌』,pp.104-113,現代日本語研究会

(26) 永田良太(2004)「会話におけるあいづちの機能―発話途中に打たれるあいづちに着目して―」『日本語教育』120号,pp.53-62

(27) ネウストプニー・J.V.(1994)「日本研究の方法論―データ収集の段階―」『待兼山論叢』28号(日本学篇),pp.1-24,大阪大学文学部

(28) 登里民子(1994)「日本語の相づち詞の発達過程」*Proceedings of the 5th Conference on Second Language Research in Japan*, pp.10-24

(29) 畠弘巳(1982)「コミュニケーションのための日本語教育」『日本語学』Vol.11,No.13,pp.56-71,明治書院

(30) 藤原真理(1993)「対話における相づち表現の考察―「そうですか」「そうですね」等を中心に―」『東北大学文学部日本語学科論集』第3号,pp.71-82,東北大学文学部日本語学科

(31) 堀口純子(1988)「コミュニケーションにおける聞き手の言語行動」『日本語教育』64号,pp.13-26

(32) 堀口純子(1990)「上級日本語学習者の対話における聞き手としての言語行動」『日本語教育』71号,pp.16-32

(33) 堀口純子(1997)『日本語教育と会話分析』くろしお出版

(34) 松田陽子(1988)「対話の日本語教育学―あいづちに関連して―」『日本語学』Vol.7,No.13,pp.59-66,明治書院

(35) 村松恵子(1990)「対話の呼吸―日本語と中国語の話し方・聞き方~あいづちを中心として(一)~」『四日市大学論集』第3巻,第1号,pp.261-285,四日市大学

(36) 村松恵子(1991)「対話の呼吸―日本語と中国語の話し方・聞き方~あいづちを中心として(二)~」『四日市大学論集』第3巻,第2号,pp.257-283,四日市大学

(37) 水谷信子(1984)「日本語教育と話しことばの実態―あいづちの分析―」『金田一春彦博士古稀記念論文集 第二巻 言語学編』,pp.261-279,三省堂

(38) 水谷信子(1988)「あいづち論」『日本語学』Vol.7,No.13,pp.4-11,明治

書院
- (39) 水谷信子(1993)「『共話』から『対話』へ」『日本語学』Vol.12,No.4,pp.4-20,明治書院
- (40) 水野義道(1988)「中国語のあいづち」『日本語学』Vol.7,No.13,pp.18-23,明治書院
- (41) 宮地敦子(1959)「うけこたへ」『国語学』39,pp.85-98,日本語学会
- (42) 村田晶子(2000)「学習者のあいづちの機能分析—『聞いている』という信号,感情・態度の表示,そしてturn-takingに至るまで—」『世界の日本語教育』10号,pp.241-260,国際交流基金
- (43) メイナード・K・泉子(1987)「日米会話におけるあいづち表現」『月刊言語』Vol.16,No.12,pp.88-92,大修館書店
- (44) メイナード・K・泉子(1993)『会話分析』くろしお出版
- (45) 山本恵美子(1992)「日本語学習者のあいづち使用実態の分析—頻度および種類—」『言語文化と日本語教育』4号,pp.22-34,お茶の水女子大学日本言語文化学研究会
- (46) 楊晶(1997)「中国人学習者の日本語の相づち使用に見られる母語からの影響—形態、頻度、タイミングを中心に—」『言語文化と日本語教育 平田悦朗先生退官記念号』13号,pp.117-128,お茶の水女子大学日本言語文化学研究会
- (47) 楊晶(1999)「中国語と日本語の電話会話における相づち使用の一比較—形式と頻度の観点から—」『言語文化と日本語教育』17号,pp.1-13,お茶の水女子大学日本言語文化学研究会
- (48) 楊晶(2000)「相づちに関する意識の中日比較—アンケート調査の結果より—」『人間文化論叢』第3巻,pp.87-100,お茶の水女子大学大学院人間文化研究科
- (49) 楊晶(2001)「電話会話で使用される中国人学習者の日本語の相づちについて—機能に着目した日本人との比較—」『日本語教育』111号,pp.46-55
- (50) 楊晶(2004)「中国語会話における相づちの機能についての一考察」『高崎経済大学論集』第47巻,第1号,pp.31-44,高崎経済大学経済学会
- (51) 楊晶(2006)「中国語会話における相づちの使用についての研究—発話権交替の観点から」『桜美林言語教育論叢』2,pp.61-72,桜美林大学言語教育研究所
- (52) 吉本優子(2001)「定住ベトナム難民における相づち習得の研究—談話

展開の観点から—」『日本語教育』110 号,pp.92-100

（53）劉建華(1987)「電話でのアイヅチ頻度の中日比較」『月刊言語』Vol.16,No.1,pp.93-97

（54）柳川子(2003)「日本語学習者を対象とした相づち研究の概観」『第二言語習得・教育の研究最前線—2003 年版』,pp.148-161,日本言語文化学研究会

（55）渡辺恵美子(1994)「日本語学習者のあいづちの分析—電話での会話において使用された言語的あいづち—」『日本語教育』82 号,pp.110-122

（56）陈建民(1994)「怎样听话」『汉语学习』1,pp.61-62

（57）赵刚、贾琦(2014)『会话分析』高等教育出版社

（58）Dittman, A. T.（1972）. Developmental factors in conversational behavior. *The Journal of Communication*, 22, pp.404-423.

（59）Mukai, C.（1999）. The use of back-channels by Advanced learners of Japanese：Its qualitative and quantitative aspects. *Japanese-Language Education around the Globe* Vol.9. pp.197-219.

（60）Schegloff, E. A.（1982）. Discourse as an interactional achievement：some uses of "uh huh" and other things that come between sentences. *Georgetown University Roundtable on Languages and Linguistics*, pp.71-93. Washington, D.C.：Georgetown University Press.

（61）Yngve, V. H.（1970）. On getting a word in edgewise in M.A. Campbell et al.（Eds.）*Paper from the Sixth Regional meeting*, *Chicago Linguistic Society*, 6, pp.567-578, Chicago：University of Chicago Department of Linguistics.

添 付 資 料

【資料1－アンケート調査用紙】　　　　　　　　　　＜資料1＞

調査協力者(学生)の個人情報についてのアンケート調査

協力者の個人情報は、研究の目的以外では決して利用致しません。ご記入をお願い致します。

- ◆ お名前＿＿＿＿＿＿＿＿＿＿　◆ 性別＿＿＿＿＿＿＿＿＿＿
- ◆ 出身地＿＿＿＿＿＿＿＿＿＿　◆ 年齢＿＿＿＿＿＿＿＿＿＿
- ◆ 所属・専攻・年次＿＿＿＿＿＿＿＿＿＿＿＿＿＿＿＿＿＿＿
- ◆ 連絡方法：

Mail：

TEL：

～～～～～～～～～～～～～～～～～～～～～～～～～～～～～

以下は留学生の方のみ記入していただきます。

- ◆ いつ日本にいらっしゃいましたか？　＿＿＿＿年＿＿＿＿月
- ◆ 日本人との接触機会が多いですか？
  - (A) 非常に多い　　　(B) 多い　　　(C) まあまあ多い
  - (D) 少ない　　　　　(E) 非常に少ない
- ◆ 中国国内で日本語を勉強したことがありますか？
  - (A) あります。　　　(B) ありません。

☞

学習機関：＿＿＿＿＿＿＿＿＿＿＿＿＿＿＿＿＿＿＿＿＿＿＿＿＿

学習期間：＿＿＿＿年＿＿＿＿ヶ月

主に使っていた教科書＿＿＿＿＿＿＿＿＿＿＿＿＿＿＿＿＿＿＿

- ◆ 日本語能力試験＿＿＿＿級　（受けていない方はご記入が不要です）

～～～～～～～～～～～～～～～～～～～～～～～～～～～～～

♪ご協力、どうもありがとうございました。

【資料1－アンケート調査用紙】　　　　　　　　　＜資料2＞

会話資料収集後のアンケート調査用紙

　お名前:＿＿＿＿＿＿＿＿　　日付:＿＿＿＿＿＿＿

　以下の質問に対して最も相応しい答えを1つ選び、該当する答えの前の数字に○をつけてください。

1. 話しの間、ビデオや録音機器が気になりましたか。
   ① とても気になりました。
   ② 少し気になりました。
   ③ 最初しか気になりませんでした。
   ④ あまり気になりませんでした。
   ⑤ 全然気になりませんでした。

2. 今回の会話では自然に話せましたか。
   ① 自然だと思います。
   ② やや自然だと思います。
   ③ 不自然だと思います。
   ④ やや不自然だと思います。
   ⑤ どちらとも言えません。

3. 話し相手はあなたより目上だと思いますか。目下だと思いますか。
   ① 目上だと思います。
   ② やや目上だと思います。
   ③ 同等だと思います。
   ④ やや目下だと思います。
   ⑤ どちらとも言えません。

4. 会話をしているとき、相手との関係を意識していましたか。
   ① 話の間ずっと意識していました。
   ② まあまあよく意識しました。
   ③ 時々意識しました。
   ④ あまり意識しませんでした。
   ⑤ まったく意識しませんでした。

5. 相手との会話では話しやすかったですか。
   ① 話しやすかったです。
   ② やや話しやすかったです。

③ やや話しにくかったです。
　　④ 話しにくかったです。
　　⑤ どちらとも言えません。
6. 相手の話し方についてお聞きします。
　　① とても変な話し方で、話しが分かりにくかったです。
　　② 少し変な話し方で、話が分かりにくかったです。
　　③ 話し方がやや自然で、分かりやすかったです。
　　④ 話し方がとても自然で、分かりやすかったです。
　　⑤ どちらとも言えません。

　　♪ご協力、どうもありがとうございました。